30天注意力提升

 训练册「学生用」

杨其铎 刘津 刘人嘉 著

CNS | K 湖南科学技术出版社

目　录

第 **1** 日

 **第一项　净心训练** 静坐（5分钟）

1, 2, 3, 4, 5, ...

1~2厘米

　　目的　通过此项训练，使学生的心和身都静下来，以空灵的状态专心接受后面的各项训练。

　　准备　准备好做训练用的桌子、椅子或者一块垫子。一个一次性杯子，里面装进约1~2厘米高的大米或小米，上口用胶纸封好。

　　要求　孩子端坐在椅子上或者盘腿坐在垫子上，两手放于膝盖；将装有米的杯子顶在头顶上；腰背挺直，全身肌肉放松；闭目；均匀呼吸，并逐渐放慢。一边数呼吸的次数，一边听轻柔舒缓的音乐，这样持续坐5分钟。

　　记录　将在5分钟内呼吸的次数及杯子掉下来的次数记录在训练报告表中。

　　目标　逐渐达到静坐时呼吸的次数和头顶杯子掉下的次数越来越少为好。

训练报告表

第一项　净心训练 **静坐**	所用时间：　　　　分	呼吸次数：　　　　次	掉杯子数：　　　　次

 **第二项　定点注视** **注视一点不动**

　　目的　通过此项训练，激活视网膜上的锥体细胞、杆体细胞，增强视觉集中能力。

　　准备　从"教材·答案册"书后取出卡片1。

　　要求　将卡片1平置于距离眼睛20厘米处，目不转睛地连续盯视1分钟，尽量不眨眼睛，看黑点下面是否出现白色晃动的光晕。之后，眼睛看着墙壁，墙壁上应该出现一个白色的圆形，数从看到白色圆形到圆形消失时间的长短（可数数，一秒一个数计）。连续做三次。

　　记录　把从看到白点子到消失的时间记录在下面的训练报告表中。

20厘米

目标 逐渐达到白色光晕出现得越来越快、墙上白色圆形持续的时间越来越长为好。

训练报告表

第二项　定点注视 **注视一点不动**	第一次影像延续 时间：　　秒	第二次影像延续 时间：　　秒	第三次影像延续 时间：　　秒

 **第三项　听觉集中** 　　**数出几个指定数字的数目**

目的 通过此项练习，训练学生的听觉，提高能够排除其他数字的干扰，集中于指定目标的能力。

要求 听家长读数列，数出指定数字（"1"，"3"，"5"，"8"）的数目。听一遍数列，数一个数字。例如：听第一遍时，数有几个"1"；听第二遍，数有几个"3"……。数四个数字，要听四遍。

注意 不能用笔计数。

记录 把每个指定数字（4个）的数目写在下面的训练报告表中。

目标 以不用手指计数，用心计数为好；以数对的多为好，数对 4 个最好。

训练报告表

第三项　听觉集中 **数出几个指定数字 的数目**	1：　　个	3：　　个	5：　　个	8：　　个

 **第四项　注意力测试** 　　**视觉测试**

目的 检测在未参加此册训练前（第 1 日）学生的视觉注意水平，以便和此册训练完之后（第 30 日）的情况做比较。

准备 从"教材·答案册"书后取出"注意力测试题查值卡"。

方法 请看下面的"注意力测试题查值卡"截图，卡中的第一横行是英文字母，竖列最左第一列是数字序号 1、2、3……。而在卡的中间部分都是数字，即是不同的检测数值。

注 意 力 测 试 题 查 值 卡（截图）

序	A	J	K	L	V	W	X	B	Z	C	H	M	G	F	D	R	Y	S	T	Q	I	O	P	N
1	6	5	4	2	2	3	2	4	7	8	9	0	6	5	8	9	4	3	5	4	4	6	5	2
2	4	4	5	4	1	2	3	4	8	8	9	0	9	0	5	8	3	4	5	2	5	8	9	5
3	4	7	6	3	4	7	8	3	1	7	9	5	1	9	1	9	1	8	3	1	3	6	7	5
4	0	9	4	5	4	3	1	6	0	2	7	8	7	8	6	5	8	9	5	4	2	7	8	

方法举例　在"注意力测试题查值卡"中找到题目 3K=　的数值。先在"注意力测试题查值卡"中找到竖列的序号 3，再找到表中第一横行中的 K。然后沿着 3 的横行向右找，再沿着 K 的竖列向下找，找到横向和竖向交点处的数字"6"，即是 3K 的数值。所以 3K=6。

又如：找 Q4 的数值。沿着 Q 的竖列向下找，又沿着 4 的横行向右找，至找到横向和竖向的交点"5"，即是 Q4=5。

注意　"测试题答卷"的题目中，有的数字在前，字母在后，有的字母在前，数字在后，这是有意搞乱次序的编排，目的是为了训练学生的能力，使思维不被次序所固定。所以测试时，要看清数字和字母。

测试　在"测试题答卷"上找到"题目"一栏，其中有"1K"，"1H"，"5X"等题目。然后按照测试方法找到答案，再把答案写在该题目下边的"答案"一格中。例如：1K=4，就在正对"1K"下面的"答案"一格中写上"4"即可。

测 试 题 答 卷

题目	1K	1H	5X	C5	A7	O2	1V	3K	9Z	X9	W8	N12	2M	L5	Z19
答案															

题目	B5	4H	L1	12Z	19H	5L	J7	C1	I18	8R	M20	13S	2N	4Q	P20
答案															

题目	6G	3F	3R	14Y	2T	L17	18C	4D	3X	5Y	1Q	V13	13J	4B	5R
答案															

题目	9S	G8	B2	5J	3W	4L	7Q	13K	Z11	5T	8R	17X	9D	1Y	I4
答案															

题目	F33	T38	27P	22D	Z21	C16	31M	24W	35H	Y37	D33	28X	33T	29O	F39
答案															

题目	13B	G15	22X	28S	34Q	37N	9W	14J	28F	32D	37W	H34	K25	18B	I24
答案															

题目	36X	31O	25C	23P	40H	36F	V39	4D	15K	30S	24Y	21J	H25	15X	33I
答案															
题目	24F	28W	36G	39Q	R31	T34	H37	X32	K27	33X	29F	27X	32H	D37	T18
答案															
题目	N19	16W	14K	30F	26J	I19	28P	29W	32D	4Z	30C	27J	37F	C31	Y34
答案															
题目	26L	21K	F28	S32	26O	24R	19X	16T	12K	38S	D39	35K	Z37	S35	H29
答案															
题目	T26	M20	Q27	D35	31P	22K	37P	25I	34D	29J	18C	Y25	31O	22F	17P
答案															
题目	27T	32F	40S	W39	B31	J28	A24	17K	R23	T26	30P	23N	16Q	29Y	K24
答案															
题目	40F	X31	23K	C22	31I	24X	M26	R30	37G	B40	C11	D19	T26	Q34	39P
答案															
题目	37A	31X	H27	D31	34I	Y28	C25	W19	S23	N28	P25	C21	25W	D31	S19
答案															
题目	K23	J28	40I	39H	L28	F24	29S	34B	Y38	V23	P20	19F	X22	S26	H24
答案															

记录

1. 把全部做完上面 225 题的时间记录在下面的训练报告表中。

2. 家长把学生的"测试题答卷"对照"测试题答案"（见"教材·答案册"第 1 日第四项），

找出错误的个数，并计算错误个数所占的百分比。再把结果写到下面的训练报告表中。

目标 以所用时间少，错误少为好。这个测试在此册注意力训练前（第 1 日）做一次，训练结束后（第 30 日）做一次。两次的比较值，即为视觉注意水平的提高程度。

训练报告表

第四项 注意力测试 **视觉测试**	所用时间：　　分　　秒	题目总数：225 个
	错误个数：　　　　个	错误个数所占百分比：　　%

第五项　注意力测试　听觉测试

目的　检测在未参加此册训练前（第 1 日）学生的听觉注意水平，以便和训练后（第 30 日）的情况进行比较。

方法　学生集中注意力听家长读句子。家长读完第一句，学生重复第一句；家长再读第二句，学生重复第二句……测试标准以一字不错地重复出来为正确。

记录

1. 记录学生能够正确重复的句子数，并写在下面的训练报告表中。

2. 计算正确句子数所占的百分比（正确句子数／题目总数），把结果写在下面的训练报告表中。

目标　以能够正确重复的句子多为好。这个测试在此册注意力训练前（第 1 日）做一次，训练结束后（第 30 日）再做一次。两次的比较值，即为听觉注意水平的提高程度。

训练报告表

第五项 注意力测试 **听觉测试**	句子总数：12 句	正确重复的句子数：　　句。
	正确句子所占百分比：　　%	

第 2 日

 **第一项　净心训练**　**静坐（6 分钟）**

训练内容参照第 1 日第一项。

要求　学生端坐，两手放于膝盖；将装米的杯子置于头顶；腰背挺直，全身放松；闭目；均匀呼吸，并逐渐放慢。边数呼吸的次数，边听音乐。这样持续坐 6 分钟。

训练报告表

第一项　净心训练 **静坐**	所用时间：　　分	呼吸次数：　　次	掉杯子数：　　次

 **第二项　视觉追踪**　**扫视直线**

目的　通过此项练习，随着视线快速追随直线左右移动，训练了眼周的睫状肌，并促进了眼周的循环。从而增强眼睛的视觉功能，并降低发生近视的几率。

准备　从"教材·答案册"书后取出卡片 2。

要求　将卡片 2 平置，眼睛距图 20 厘米或再近，头不转动（头上也可以顶装有米的杯子）。眼睛由黑圈开始沿箭头方向快速向黑点处扫视，之后，再反回向黑圈处扫视。以从黑圈到黑点，再由黑点返回到黑圈为一次。

注意　在扫视的过程中，必须控制住头不要转动，还要把线上的每个黑点看清楚，不能一带而过。

记录　将一分钟时间内，扫视的次数记在下面的训练报告表中。共扫视 3 次，（3 个一分钟）记录 3 次。

目标　在规定时间内，以扫视的次数多为好。

训练报告表

第二项　视觉追踪 **扫视直线**	第一次扫视的次数	第二次扫视的次数	第三次扫视的次数
	次	次	次

第三项　听觉集中　　数出几个指定汉字的数目

目的　通过此项练习，训练学生能够排除其他汉字的干扰，集中于指定目标的听觉能力。

要求　听家长读故事《缇萦为父伸冤》，数出指定汉字（"的"，"人"）各有几个。因为故事较长，所以数同一个字读两遍故事，数两个字，就读四遍。例如：听第一、二遍时，数有几个"的"；第三、四遍，数有几个"人"。

注意　不能用笔记数。

记录　把每个指定汉字（共 2 个）的数目写在下面的训练报告表中。

目标　以不用手指计数，用心计数为好；以数的数目接近正确为好，数对 2 个数字为最好。

训练报告表

第三项　听觉集中 **数出几个指定汉字 的数目**	的： 　　　　　个	人： 　　　　　个

第四项　视觉集中　　读数字

目的　通过练习，提高视觉的集中能力。

要求　要准确、清晰而尽快地读 400 个数字

记录　请家长帮助检测读数的情况，把读错的次数和全部读完所用时间写在训练报告表中。

目标　以读错的数字越少越好，时间越短越好。

训练

14159	26535	89793	23846	26433
83279	50288	41971	69399	37510
58209	74944	59230	78164	06286
20899	86280	34825	34211	70679
82148	08651	32823	06647	09384

46095	50582	23172	53594	98128
48111	74502	84102	76193	85211
05559	64462	29489	54930	38196
44288	10975	66593	34461	28475
64823	37867	83165	27120	19091
45648	56692	34603	48610	45432
66482	13393	60726	02491	41273
72458	70066	06315	58817	48815
20920	96282	92540	91715	36436
78925	90360	01133	05305	48820
46652	13941	46951	94151	16094

训练报告表

第四项　视觉集中 读数字	读错的数字：　　　　　个	所用时间：　　　　分　　　秒

第五项　听觉分辨　　找出两句话中不同的词组

目的　通过此项训练，不仅提高了学生的听觉分辨能力，而且训练了学生的"心静"，以逐渐克服"浮躁"的心态。

要求　听家长读几题中很相近的两句话。家长先把某题中的两个句子读完，再读两遍，每题共读三遍。学生找出两句话中不同的三对词组，例如："黑夜，大家一起看星星，小明开心地直拍手。"和"夜晚，我们一起看星星，小明高兴地直拍手。"的两句话中，不同的词组应该是"黑夜—夜晚，大家—我们，开心—高兴"。

记录 将四题中不同的三对词组写在下面的训练报告表中。答案中要把不同的一对词组都写出来。例如"黑夜—夜晚，大家—我们，开心—高兴"，在两个词组中间还要画一条短横线。

目标 以听到四题中不同的三对词组都正确为好。

训练报告表

第五项　听觉分辨 **找出两句话中不同** **的词组**	1 题：
	2 题：
	3 题：
	4 题：

 **第六项　视觉分辨**　　**按数序在图中找到各数**

目的 通过训练，提高眼睛对数字的捕捉能力，以及对数字位置的记忆能力。

要求 按正数序 1~88 和倒数序 88~1，分两次在表中依次找到各数字。

注意 一定要按数字的数序去找，不能舍掉找不到的数字跳着找。也不能用笔画掉已经找到的数字。要用诚实的态度和持续的毅力进行练习。

记录 家长帮助监察学生练习的情况，将按数序寻找各数字所用的时间写在下面的训练报告表中。并比较两次的练习是否有进步。

目标 以两次所用时间一次比一次短为好。

训练报告表

第六项　视觉分辨 **按数序在图中找到** **各数**	正数序所用时间：　　　分	倒数序所用时间：　　　分

训练

41	38	59	64	26	12	80	6	32	68	43
21	53	15	4	46	34	67	23	71	40	57
5	82	70	35	27	56	16	47	66	9	84
29	50	83	10	65	78	85	58	31	14	49
18	55	37	79	48	1	2	75	24	63	30
69	81	87	54	73	45	62	11	3	25	74
36	61	42	13	22	76	39	86	52	19	8
77	20	7	33	51	60	17	28	72	44	88

第 3 日

第一项　净心训练　　静坐（7 分钟）

训练内容参照第 1 日第一项。

要求　学生端坐，两手放于膝盖；将装米的杯子置于头顶；腰背挺直，全身放松；闭目；均匀呼吸，并逐渐放慢。边数呼吸的次数，边听音乐。这样持续坐 7 分钟。

训练报告表

第一项　净心训练 静坐	所用时间：　　　分	呼吸次数：　　　次	掉杯子数：　　　次

第二项　视觉追踪　　扫视直线

训练内容参照第 2 日第二项。

准备　从"教材·答案册"书后取出卡片 3

要求　平置卡片 3，眼睛距图 20 厘米或再近，头不动。眼睛由黑圈开始沿箭头方向快速向黑点处扫视，之后，再反回向黑圈处扫视。以从黑圈到黑点，再由黑点返回到黑圈为一次。扫视 3 个一分钟

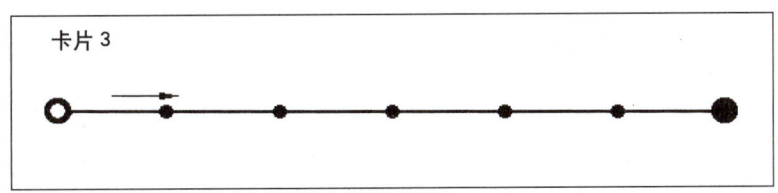

训练报告表

第二项　视觉追踪 扫视直线	第一次扫视的次数	第二次扫视的次数	第三次扫视的次数
	次	次	次

 第三项　听觉集中　　数出几个指定数字的数目

训练内容请参照第 1 日第三项。

要求　听家长读数列，数出指定数字（"0"，"1"，"7"，"5"）各有几个，并将答案写在下面的训练报告表中。

训练报告表

第三项　听觉集中 数出几个指定数字 的数目	0：　　　个	1：　　　个	7：　　　个	5：　　　个

 **第四项　视觉转移**　　填写缺失的数字

目的　通过练习，不仅提高学生的视觉集中能力，也提高了视觉转移能力。

要求　对照表 1，在表 2 中把缺失的数字填写出来。

记录　家长帮助监察学生的练习情况，把填错的个数和全部填写完所用的时间都写到下面的训练报告表中。

目标　以填错的数字越少越好，所用时间越短越好。

训练

33057270365759591953092186117381932611779
31051185480744623799627495673518857 52724
891227938183011949129833673362440 6566430
86021394946395224737190702179860 94370277
05392171762931767523846748184676 69405132

表 1

33	572	03	575	59	953	92	8	117	81	326	17
310	11	54807	462	79	627	95	735	88	7	272	
89	227	38	830	19	91298	367	36	440	56	430	
60	1	949	63	522	73	190	02	79860	437	27	
053	21	176	93	7	752	84	748	84	766	40	132

表 2

训练报告表

第四项 视觉转移 填写缺失的数字	填错： 个	填完全部所需时间： 分 秒

 第五项 听觉分辨 边听故事边在词组中寻找听到的词组

目的 此项练习一是训练耳朵要听清家长读的故事，又要用眼睛盯住训练报告表中的词组，随时把听到的词组划出来。所以实际上是在训练注意的多项能力。

要求 看着训练报告表中的多个词组，听着家长读故事，当看到与听到故事中相同的词组时，即刻把它划出来。

记录 把划对的词组数写到训练报告表中。

目标 以划对的词组越多越好。

训练

训练报告表

第五项 听觉分辨 边听故事边在词组中寻找听到的词组	漂亮	吩咐	交易	市场	家具
	师傅	交涉	买卖	奴隶	转眼
	划对的词组： 个				

 **第六项　视觉分辨**　　**找出与众不同的一个图**

目的　通过练习，提高注意分辨能力，并大幅度开发了右脑的形象思维能力。

要求　要仔细观察各图形的细微差别，还要将图形进行旋转式的观察。找到与其他图不同的那个图（这个图是独一的，没有另一个图和它一样）。

记录　将寻找到的图标出来，并将所用时间写在训练报告表中。

目标　以寻找到正确的图形越多越好，时间越短越好。

训练

图 1

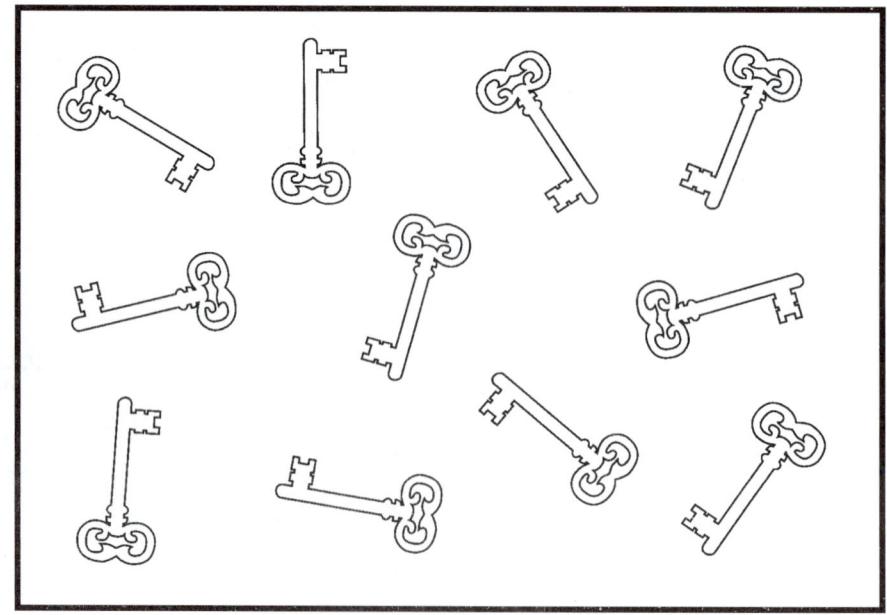

图 2

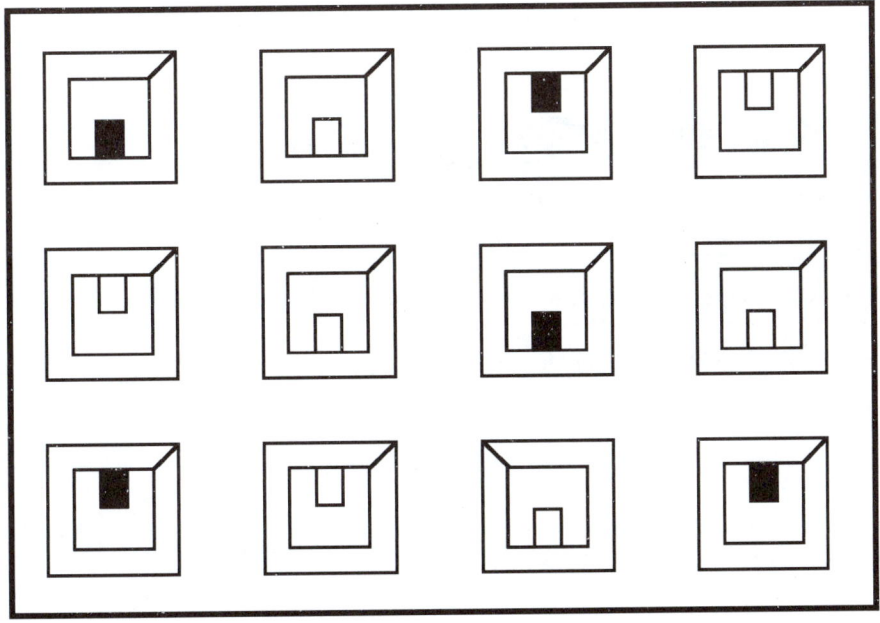

图 3

图 4

训练报告表

第六项 视觉分辨 找出与众不同的一个图	找对图形： 图	所用时间： 分 秒

第 **4** 日

第一项　净心训练　　静坐（8 分钟）

训练内容参照第 1 日第一项。

要求　学生端坐，两手放于膝盖；将装米的杯子置于头顶；腰背挺直，全身放松；闭目；均匀呼吸，并逐渐放慢。边数呼吸的次数，边听音乐。这样持续坐 8 分钟。

训练报告表

第一项　净心训练 **静坐**	所用时间：　　分	呼吸次数：　　次	掉杯子数：　　次

第二项　视觉追踪　　扫视直线

训练内容参照第 2 第二项。

准备　从"教材·答案册"书后取出卡片 4。

要求　平置卡片 4，眼睛距图 20 厘米或再近，头不动。眼睛由黑圈开始沿箭头方向快速向黑点处扫视，之后，再反回向黑圈处扫视。以从黑圈到黑点，再由黑点返回到黑圈为一次。共扫视 3 个一分钟。

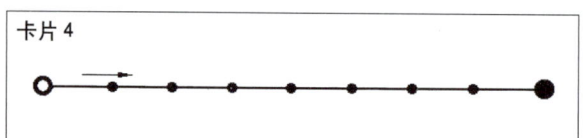

训练报告表

第二项　视觉追踪 **扫视直线**	第一次扫视的次数	第二次扫视的次数	第三次扫视的次数
	次	次	次

第三项　听觉集中　　数出几个指定汉字的数目

训练内容参照第 2 日第三项。

要求　听家长读故事《匡衡凿壁偷光》，数出指定汉字（"书"，"家"）各有几个，并将答案写在下面的训练报告表中。

训练报告表

第三项　听觉集中 **数出几个指定汉字的数目**	书： 个	家： 个

第四项　视觉集中　读文章《弟子规》

目的　通过练习，提高视觉的集中能力。

要求　要准确、清晰而尽快地读文章《弟子规》。

记录　请家长帮助检测读数的情况，把读错的次数和所用时间写在下面的训练报告表中。

目标　以读错的数字越少越好，时间越短越好。

训练

　　　　　　jiǎn zé　　　　　　　　　　　　　　　　zuì
对饮食　勿拣　择　食适可　勿过则　年方少　勿饮酒　饮酒醉　最为丑
　　　　　　yī　　　　　　　　　　　jiàn yù　　bǒ yǐ　qí jū　　bì
步从容　立端正　揖深圆　拜恭敬　勿践　阈　勿跛倚 勿箕踞 勿摇髀
huǎn jiē lián　　　　　　　chù léng zhī xū　　　yíng
缓　揭帘勿有声 宽转弯 勿触棱　执 虚器　如执盈　入虚室 如有人
　　　　　　wèi　　　　lüè　　　　　　　　　　xié pì
事勿忙　忙多错　勿畏难　勿轻略 斗闹场 绝勿近 邪僻事 绝勿问
　　　　　shú　　　　　　　　　　　　　　　wú
将入门　问孰存 将上堂　声必扬 人问谁 对以名 吾与我 不分明
　　　　　tǎng　　　　　　　　　　　　　　　qiān
用人物　须明求 倘　不问 即为偷 借人物 及时还 人借物 有勿悭
　　　　zhà wàng　　xī yān　　　　　　　　　wéi　　nìng
凡出言 信为先 诈与妄　奚可焉 话说多 不如少 惟其是 勿佞巧
bó　wū huì　　　　　　jiè　　　　　　　　dì
刻薄话 污秽 词 市井气 切戒之 见未真 勿轻言 知未的 勿轻传

训练报告表

第四项　视觉集中 **读文章《弟子规》**	读错的数字：　　个	所用时间：　　分　　秒

 第五项　听觉转移　　**按词组的分类画符号**

　　目的　此项练习一方面训练了听觉转移能力，另一方面也训练了对于词组归类的分辨能力。

　　要求　听家长按顺序读 40 个词组，当听到词组属于"快乐心情"类时，在相应的格子内画符号"√"。例如：读到第 5 个是"愉快"，你就应该在第 5 个格子内画"√"。如果画到第 6 格内，就是错误的。

　　记录　将画错的个数写在下面的训练报告表中。

　　目标　以画错的个数越少越好。

　　训练

1	2	3	4	5	6	7	8	9	10
11	12	13	14	15	16	17	18	19	20
21	22	23	24	25	26	27	28	29	30
31	32	33	34	35	36	37	38	39	40

训练报告表

第五项　听觉转移 **按词组的分类画符号**	画错：　　个

 **第六项　视觉分辨**　　**数相同图形的数目**

　　目的　通过此项训练，提高视觉的分辨能力，同时也磨练了克服困难的意志力（当最后各种图形的总数之和不同于图中 150 个图形数时，要不断鼓励学生反复检查，直至全部正确为止。这即是磨练意志的过程）。

要求 在下图中数出相同图形的数目。注意：数的时候，要一行一行自上而下，或一列一列自左至右地数，才不会数丢或重复数。并将各种图形的数目写在图下面的空格中。

记录 将学生全部完成的时间和表现写在下面的训练报告表中，以便与以后完成同类题时进行比较。

目标 以速度越快、正确率越高越好。以具备"不怕失败，继续努力"的精神为好。

训练

6	9	1	6	3	2	2	4	4	3	5	8	7	1	8
7	5	8	9	6	4	3	9	5	4	7	6	2	8	8
2	4	5	1	8	3	6	4	2	8	5	3	7	1	6
7	5	2	9	6	7	3	8	5	2	9	6	4	8	8
4	8	4	5	9	2	5	7	1	7	5	4	4	2	9
3	3	4	9	1	5	2	4	3	5	1	3	8	6	1
3	3	5	2	9	6	7	1	3	4	9	8	2	2	9
1	1	7	5	8	1	9	6	5	7	2	3	7	8	4
6	7	1	2	3	9	2	4	4	3	6	8	1	5	8
1	7	6	3	9	4	8	6	2	7	5	5	9	9	4

1	2	3	4	5	6	7	8	9

训练报告表

第六项 视觉分辨 数相同图形的数目	全部完成所用时间： 分 秒	细心程度：
	全部完成共进行的次数： 次	意志表现：

第 5 日

第一项　净心训练　　静坐 （9 分钟）

训练内容参照第 1 日第一项。

要求　学生端坐，两手放于膝盖；将装米的杯子置于头顶；腰背挺直，全身放松；闭目；均匀呼吸，并逐渐放慢。边数呼吸的次数，边听音乐。这样持续坐 9 分钟。

训练报告表

第一项　净心训练 静坐	所用时间：　　分	呼吸次数：　　次	掉杯子数：　　次

第二项　视觉追踪　　扫视折线

目的　通过此项练习，随着视线快速追随直线左右上下移动，训练了眼周的睫状肌，促进了眼周的循环。从而增强眼睛的视觉功能，降低发生近视的几率。

准备　从"教材·答案册"书后取出卡片 5。

要求　头不转动，眼睛平视卡片 5，距离图 20 厘米或再近一些。扫视时，眼睛从黑圈沿着箭头扫视到右面的黑点，再沿线向下扫视到左下的黑点，然后再按原路折回（右扫到黑点，再左扫到黑圈）为一次。注意：扫视的过程中，头不能转动，眼睛一定要看清楚黑线。

记录　把在一分钟时间里扫视折线的次数写到下面的训练报告表中。共扫视 3 次（3 个一分钟），共记录 3 次。

目标　在规定的一分钟时间内，以扫视的次数多为好。

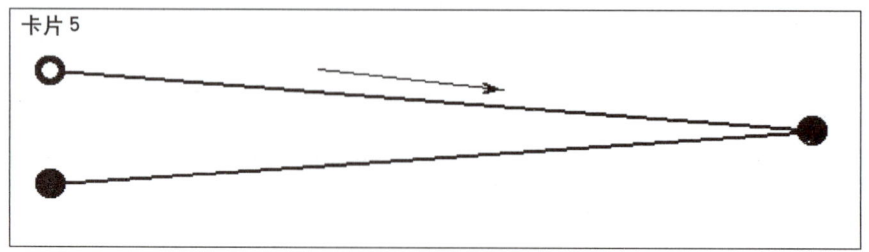

训练报告表

第二项　视觉追踪 扫视折线	第一次扫视的次数	第二次扫视的次数	第三次扫视的次数
	次	次	次

 **第三项　听觉集中**　　数出几个指定数字的数目

训练内容请参照第 1 日第三项。

要求　听家长读数列，数出指定数字（"2"，"4"，"6"，"9"）各有几个，并将答案写在下面的训练报告表中。

训练报告表

第三项　听觉集中 数出几个指定数字的数目	2:　　　　个	4:　　　　个	6:　　　　个	9:　　　　个

第四项　视觉分辨　　数叠加图形中相同图形的数目

图 1

目的　通过练习，在比较的过程中，提高视觉的分辨能力，又开发了右脑的形象思维能力。

要求　在图中寻找与图下面标准图相同的图，并将各种图形的数目写在标准图旁的空格中。并将全部完成的时间和表现写在训练报告表中。

目标　以找对的图形越多越好。

训练

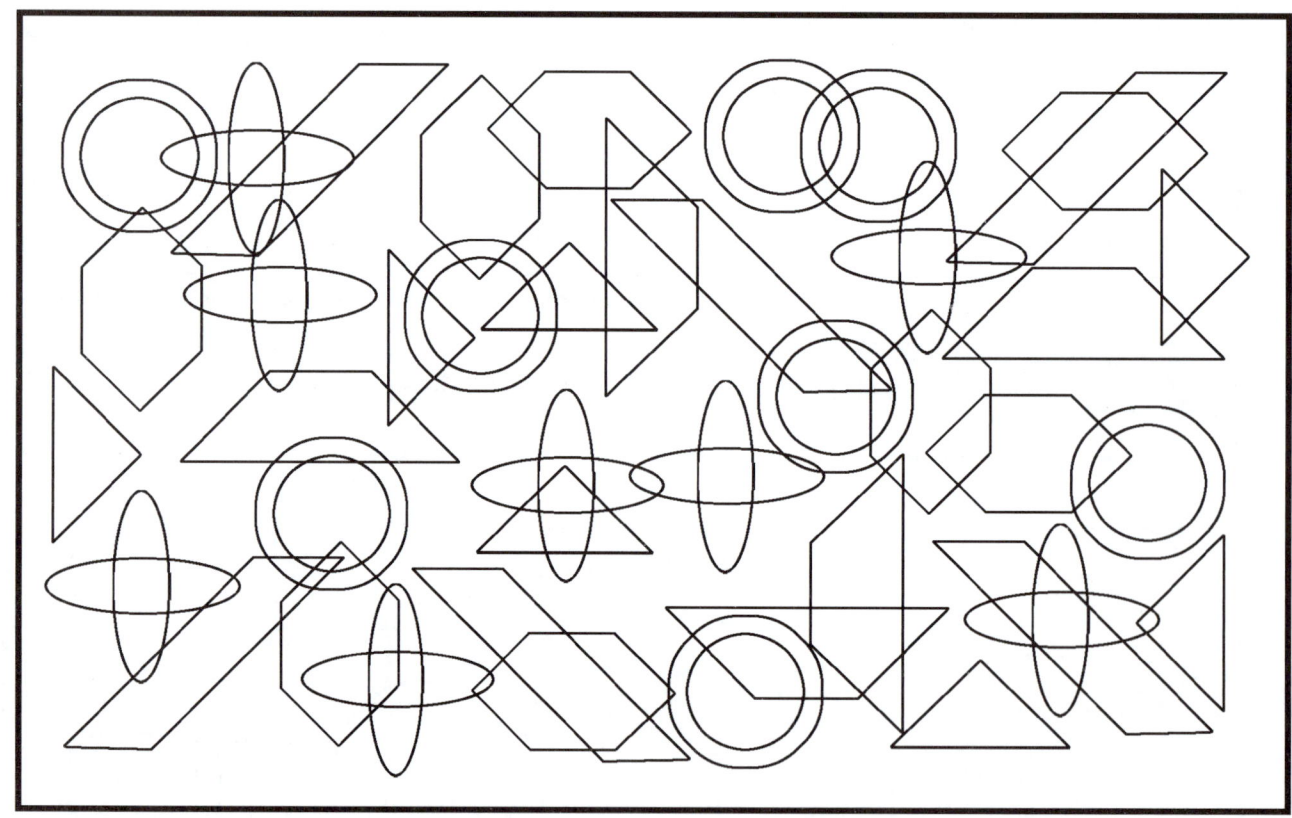

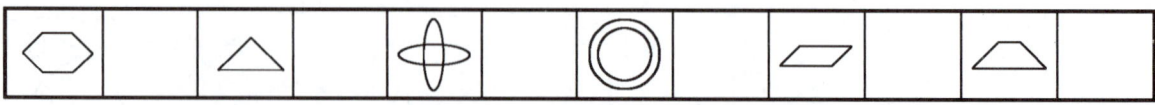

图 2

训练报告表

第四项 视觉分辨 数叠加图形中相同图形的数目	全部完成所用时间: 分 秒	细心程度:
	全部完成共进行的次数: 次	意志表现:

 **第五项 听觉分辨** 找出三句话中相同的词组

目的 通过此项训练,不仅提高了学生的听觉分辨能力,而且训练了学生"心静",以逐渐克服"浮躁"的心态。

要求 听家长读几题中三句不同内容的话。家长先把某题的三个句子读完,再读两遍,每题共读三遍。学生找出三句话中相同的三个词组。

记录 学生将每题中三个相同的词组写在下面的训练报告表中。

目标 以找出三题中相同的三个词组都正确为好。

训练报告表

第五项 听觉分辨 找出三句话中相同的词组	1 题:
	2 题:
	3 题:

第六项 视觉转移 填写缺失的汉字和拼音

训练内容参照第 3 日第四项。

要求 对照表 1 的文章,将表 2 中缺失的汉字和拼音字母填上。

训练

训练报告表

第六项 视觉转移 填写缺失的汉字和拼音	填错: 个	填完所用时间: 分 秒

　　而告谓之傲 ào；问一而告二谓之囋 zàn。傲，非也；囋，非也——君子如响矣。

　　学莫便乎近其人。《礼》、《乐》法而不说，《诗》、《书》故而不切，《春秋》约而不速 sù。方其人之习君子之说，则尊以偏 piān 矣，周于世矣！故曰：学莫便乎近其人。

　　学之经 jìng 莫速乎好 hào 其人，隆 lóng 礼次之。上不能好其人，下不能隆礼，安特 tè 将学杂 zá 志，顺《诗》、《书》而已耳；则末世穷年，不免为陋 lòu 儒 rú 而已。将原告王，本仁义，则礼正其经纬 wěi 蹊 qī 径 jìng 也。若挈 qiè 裘 qiú 领，诎 qū 五指而顿 dùn 之，顺者不可胜数 shǔ 也。不道礼宪 xiàn，以《诗》、

表 1

　　而告　　之傲 ào；问一而告二谓之囋 zàn。傲，非也；　　　非也——君子如响矣。

　　学莫便乎　　人。《礼》、《乐》法而不说，《诗》、《书》　　　不切，《春秋》　　不速 sù。方其人之习君子之说，则　　　偏 piān 矣，　　世矣！故曰：学莫便乎近其人。

　　学之经 jìng 莫　　好 hào 其人，　　　次之。上不能好其人，下不能　　　，安特 tè 将学杂 zá 志，顺《诗》、《书》　　　；则末世　　年，不免为　　lòu　　rú 而已。将原告王，本　　　，则礼正其　　wěi 蹊　　径　　也。若　　qiè　　qiú 领，　　qū 五指而顿 dùn 之，顺者不可　　shǔ 也。不道　　xiàn，以《诗》、

表 2

第 6 日

第一项　净心训练　　静坐（10 分钟）

训练内容参照第 1 日第一项。

要求　学生端坐，两手放于膝盖；将装米的杯子置于头顶；腰背挺直，全身放松；闭目；均匀呼吸，并逐渐放慢。边数呼吸的次数，边听音乐。这样持续坐 10 分钟。

训练报告表

第一项　净心训练 静坐	所用时间：　　　分	呼吸次数：　　　次	掉杯子数：　　　次

第二项　视觉追踪　　扫视折线

训练内容参照第 5 日第二项。

准备　从"教材·答案册"书后取出卡片 6。

要求　眼睛平视卡片 6，距图 20 厘米或再近。扫视时，眼睛从黑圈按箭头的指向、沿黑线扫视到第三个黑点，再按原路折回到黑圈为一次。注意：扫视过程中，头不能转动，眼睛一定要看清黑线。共扫视 3 次（3 个一分钟）。

训练报告表

第二项　视觉追踪 扫视折线	第一次扫视的次数	第二次扫视的次数	第三次扫视的次数
	次	次	次

第三项　听觉集中　　数出几个指定汉字的数目

训练内容参照第 2 日第三项。

要求　听家长读故事《布鲁塞尔的铜像》，数出指定汉字（"的"，"他"）各有几个，并将答案写在下面的训练报告表中。

训练报告表

第三项　听觉集中		
数出几个指定汉字的数目	的：　　　　个	他：　　　　个

 **第四项　视觉分辨**　　按数序在图中找到各数

训练内容参照第 2 日第四项。

要求　按正数序 1~90 和倒数序 90~1，分两次在表中依次找到各数字。将按数序寻找各数字所用的时间写在下面的训练报告表中。并比较两次的练习是否有进步。

训练

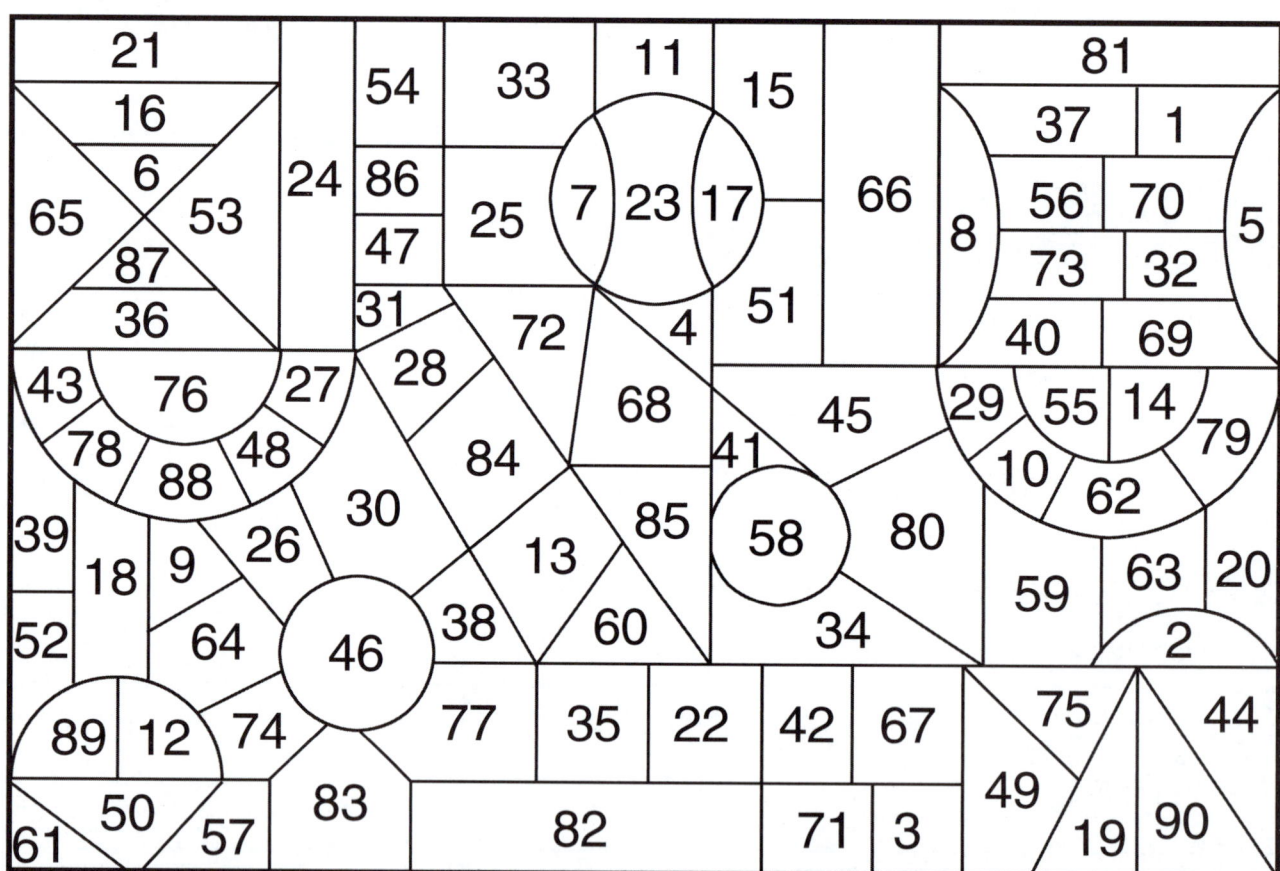

训练报告表

第四项　视觉分辨		
按数序在图中找到各数	正数序所用时间：　　　分	倒数序所用时间：　　　分

 **第五项　听觉转移**　　**听写混合答案**

目的　此项训练的一个大题目中含有三个性质完全不同的小问题，但须一次性听完，一次性回答。此项练习既训练了听觉记忆，又要有很快的分析能力和计算能力，所以是一个听觉多方面转移的训练。

要求　听家长一次性读完一个题目中的三个小问题后，学生再将 3 个答案一次性写在下面的训练报告表中。要注意的是每个小问题念完后，家长会停顿几秒，以便给学生一个思考答案的时间。学生不要利用这段时间回答问题，要一次性写出答案，才能达到训练效果。

记录　将每一题的三个答案写在下面的训练报告表中。

目标　以答案全部正确为最好。

训练报告表

第五项　听觉转移 **听写混合答案**	1 题：
	2 题：
	3 题：

 **第六项　视觉集中**　　**读倒写的故事**

目的　倒读文章时，字与字之间是没有任何逻辑关系的。借助这种情况进行阅读必须要具有很高的视觉注意，因此这种训练可以很有效的提高视知觉集中的能力。

要求　集中注意力读倒写的故事，争取减少错误并逐渐加快速度。

记录　请家长帮助检测读故事的情况，把读错的次数和所用时间写在下面的训练报告表中。

目标　尽量减少读错的次数和缩短读故事的时间。

训练

老人的箱子

。饭便顿吃，亲父老看看，次一来回周每是只。日度生谋着忙，家了成婚结，人成大长经已都全，子儿个三有他。计活做再法无，纪年了上今而。钱分一下攒积有没，佳不运时但，苦苦辛辛生一，缝裁个是人老。居

独生一他，世过经已子妻，人老位有经曾

。计妙条一了出想他，于终，日度何如已自忧担，眠无夜彻他"。赘累的们他为成我怕们他，了边身我在呆想不本根们他"。了少越来越也得来们子儿的他，了老越来越人老

。面下桌饭了在放，紧锁锁用，璃玻碎满装，子盒回拿人老。片璃玻碎的有所他了来要，友朋的璃玻吹见去又他，后最；锁旧把了要他跟，友朋的匠锁做见去后然；子盒个了做给他请，友朋老的匠木做见去他，天二第

。上子盒了到碰脚，时饭晚吃来们子儿的他，候时些了过

。问发面下子桌着看们他"？呀么什是的装里子盒这"

"。西东的下攒我是只"，答回人老"，是不也么什，噢"

。着咕嘀此彼们他"。子金的攒积年些这子头老了满装面里"，响声的啦啦哗出发面里见听，脚一了踢们他。沉多有看看，子箱那碰了碰子儿的他

。间时段一了持坚样这们他。班值子儿大周三第，班值子儿二周二第。饭做他为，亲父料照，来进了搬子儿的小最，周一第。他顾照，起一在住人老同番轮定决们他，产财笔这住保得们他到识意，来起论讨们他，是于

。了蓄积的子头老些一霍挥以可们他在现，产财笔一有下底子桌道知们他为因，礼葬的面体很个了办他给们子儿。了死病生人老，后最

。璃玻碎是全的装面里现发们他，然当。子盒了开打，匙钥的子盒了到找，寻搜子屋满们他，后过事丧

"！事的劣卑样这做子儿你对"，道喊子儿大"！戏把的厌讨多"

"。他心关会不也死他到直能可们我，子盒个这为因是不要，实诚己自对须必们我"，道问地心伤子儿二"？呢样么怎能又，做样这不他"

"。育教的们我对他候时小了忘全完们我为因。们我骗欺亲父的己自着逼们我"，着泣哭子儿小"，愧惭到感真我"

。了呆惊面里子盒着望子儿个三，时此，璃玻碎的有所了出倒他。有没也西东的钱值么什实确，下一了查检，遍个了翻子盒把是还子儿大是但

"。吧母父的们你敬孝"：字行一着刻下底子盒

第六项　视觉集中 **读倒写的故事**	读错次数：　　次	所用时间：　分　秒

第 **7** 日

第一项 净心训练 静坐（10 分钟）

训练内容参照第 1 日第一项。

要求 学生端坐，两手放于膝盖；将装米的杯子置于头顶；腰背挺直，全身放松；闭目；均匀呼吸，并逐渐放慢。边数呼吸的次数，边听音乐。这样持续坐 10 分钟。

训练报告表

第一项 净心训练 **静坐**	所用时间：　　　分	呼吸次数：　　　次	掉杯子数：　　　次

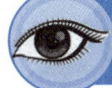

第二项 视觉追踪 扫视折线

训练内容参照第 5 日第二项。

准备 从"教材·答案册"书后取出卡片 7。

要求 眼睛平视卡片 7，距图 20 厘米或再近。扫视时，眼睛从黑

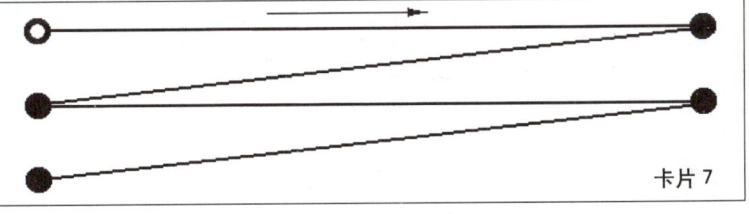

卡片 7

圈按箭头的指向、沿黑线扫视到第四个黑点，再按原路折回到黑圈为一次。注意：扫视过程中，头不能转动，眼睛一定要看清黑线。共扫视 3 次（3 个一分钟）。

训练报告表

第二项 视觉追踪 **扫视折线**	第一次扫视的 次数：　　　次	第二次扫视的 次数：　　　次	第三次扫视的 次数：　　　次

第三项 听觉集中 数出几个指定数字的数目

训练内容请参照第 1 日第三项。

要求 听家长读数列，数出指定的两位数字（"19"，"12"，"56"，"87"）各有几个，并将答案写在下面的训练报告表中。

训练报告表

第三项　听觉集中							
数出几个指定数字的数目	19：	个	12：	个	56：	个	87：　　　个

 **第四项　视觉分辨**　　**数相同图形的数目**

训练内容参照第 4 日第六项。

要求　在下图中数出相同图形的数目。注意：数的时候，要一行一行自上而下，或一列一列自左至右地数，才不会数丢或重复数。并将各种图形的数目写在图下面的空格中。图形总数为 150 个。

训练

+	−	×	÷	=	<	>	÷	×	=	−	>	−	<	+
=	−	−	×	+	÷	+	>	−	=	<	×	÷	+	>
+	>	=	+	×	×	÷	<	×	×	=	÷	+	×	÷
>	+	÷	<	−	=	<	÷	−	−	>	+	÷	−	+
×	−	+	<	÷	>	×	−	−	÷	+	=	÷	>	×
÷	>	−	÷	+	−	=	×	+	+	<	÷	×	−	+
−	÷	>	+	<	=	×	+	−	>	×	−	+	+	<
÷	×	+	>	−	<	+	×	−	=	=	×	÷	÷	+
−	+	×	−	÷	=	×	>	−	+	÷	<	>	−	−
=	×	−	÷	+	÷	×	=	−	<	>	+	×	−	÷

>	<	=	÷	×	−	+

训练报告表

第四项 视觉分辨 **数相同图形的数目**	全部完成所用时间： 分 秒	细心程度：
	全部完成共进行的次数： 次	意志表现：

第五项 听觉集中 记录数列中按数序排列缺失的数字

目的 通过此项练习，一方面巩固对数序的认知，一方面提高听觉的分辨和记忆能力。

要求 听家长读一个数列，学生找到数列中按数序排列缺失的数字。

记录 学生边听边将找到的缺失数字写在下面的训练报告表中。

目标 以记录数序中缺失数字的正确率越高越好。

训练报告表

第五项 听觉集中 **记录数列中按数序 排列缺失的数字**	1 题：	2 题：
	3 题：	4 题：

第六项 视觉集中 拼读汉语拼音并写出相应的汉字

目的 巩固汉语拼音的拼读及同音的汉字。

要求 拼读汉语拼音，并在下边空行中，写出相应的汉字。

记录 将写错的个数写在下面的训练报告表中。

目标 以写错的个数越少越好。

训练

bì   běi   bēng   bìng   biàn   pó   pào   pān   pàng   pīng

_____

piàn   mā   máo   mǎn   máng   mián   mǐn   fó   fàn   fèng   féi

_____

dà   dī   dǎo   dàn   dēng   tè   tǐ   tuī   tào   tǎn   tāng

_____

nà   nǔ   nǚ   nài   niū   néng   lè   lú   lú   lài   liǔ   liáo

_____

gù   guǐ   gào   gān   gàng   kù   kǎi   kào   kūn   kēng

_____

训练报告表

第六项　视觉集中 拼读汉语拼音并写出相应的汉字	错：　　　　个

第 **8** 日

第一项　净心训练　　静坐（10 分钟）

　　训练内容参照第 1 日第一项。

　　要求　学生端坐，两手放于膝盖；将装米的杯子置于头顶；腰背挺直，全身放松；闭目；均匀呼吸，并逐渐放慢。边数呼吸的次数，边听音乐。这样持续坐 10 分钟。

训练报告表

第一项　净心训练 **静坐**	所用时间：　　分钟	呼吸次数：　　次	掉杯子数：　　次

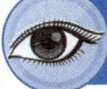
第二项　视觉追踪　　**扫视折线**

　　训练内容参照第 5 日第二项。

　　准备　从"教材·答案册"书后取出卡片 8。

　　要求　眼睛平视卡片 8，距图 20 厘米或再近。扫视时，眼睛从

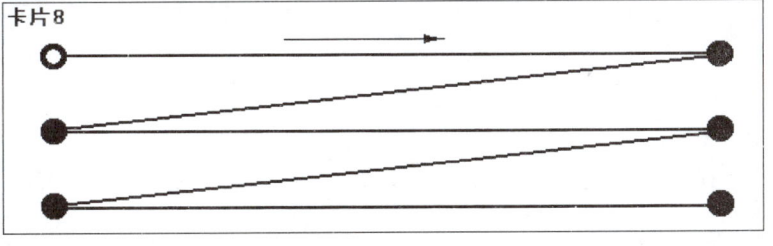

黑圈按箭头的指向、沿黑线扫视到第五个黑点，再按原路折回到黑圈为一次。注意：扫视过程中，头不能转动，眼睛一定要看清黑线。扫视 3 个一分钟。

训练报告表

第二项　视觉追踪 **扫视折线**	第一次扫视的次数	第二次扫视的次数	第三次扫视的次数
	次	次	次

第三项　听觉集中　　**数出几个指定汉字的数目**

　　训练内容参照第 2 日第三项。

要求 听家长读故事《宴殊要求重新出题》，数出指定汉字（"试"，"的"）各有几个，并将答案写在下面的训练报告表中。

训练报告表

第三项 听觉集中 **数出几个指定汉字 的数目**	试： 个	的： 个

 **第四项 视觉转移** **填写缺失的汉语拼音**

训练内容参照第 5 日第六项。

要求 对照表 1，把表 2 中缺失的汉语拼音字母、声调号和标点符号填上。

训练

dì	zǐ	guī,	shèng	rén	xùn;	shǒu	xiào	tì,	cì	jǐn	xìn。
fàn	ài	zhòng,	ér	qīn	rén;	yǒu	yú	lì,	zé	xué	wén。
fù	mǔ	hū,	yìng	wù	huǎn;	fù	mǔ	mìng,	xíng	wù	lǎn。
fù	mǔ	jiào,	xū	jìng	tīng;	fù	mǔ	zé,	xū	shùn	chéng。
dōng	zé	wēn,	xià	zé	qìng;	chén	zé	xǐng,	hūn	zé	dìng。
chū	bì	gào,	fǎn	bì	miàn。	jū	yǒu	cháng,	yè	wú	biàn。
shì	suī	xiǎo,	wù	shàn	wéi;	gǒu	shàn	wéi,	zǐ	dào	kuī。
wù	suī	xiǎo,	wù	sī	cáng;	gǒu	sī	cáng,	qīn	xīn	shāng。
qīn	suǒ	hào,	lì	wèi	jù;	qīn	suǒ	wù,	jǐn	wèi	qù。
shēn	yǒu	shāng,	yí	qīn	yōu;	dé	yǒu	shāng,	yí	qīn	xi¥。
qīn	ài	wǒ,	xiào	hé	nán;	qīn	wù	wǒ,	xiào	fāng	xián。
qīn	yǒu	guò,	jiàn	shǐ	gēng;	yí	wú	sè,	róu	wú	shēng。
jiàn	bú	rù,	yuè	fù	jiàn;	háo	qì	suí,	tà	wú	yuàn。

表 1

dì	ǐ	guī,	shèng	r	n	xùn;	shǒu	xi	o	tì,	cì	jǐn	xì。
fàn	ài	zhòng,	ér	qīn	r	n;	yǒu	yú	lì,	zé	ué	wén。
ù	mǔ	hū,	yìng	w	huǎn;	fù	mǔ	mì	g,	xíng	wù	lǎn。
fù	m	jiào,	xū	jìng	tīng;	fù	mǔ	zé,	x	shùn	chéng。
dōng	zé	ēn,	xià	zé	jìn	chén	zé	xǐng,	ūn	zé	dìng。
chū	bì	gào,	fǎn	bì	miàn。	jū	yǒu	cháng,	yè	wú	b	àn。
s	ì	suī	xiǎo,	wù	hàn	wéi;	gǒu	s	àn	wéi,	zǐ	dào	uī。
wù	suī	iǎo,	wù	sī	cán	gǒu	sī	cáng,	q	n	xīn	shāng。
qīn	suǒ	h	o,	lì	wèi	jù;	qī	suǒ	wù,	jǐn	wèi	qù。
hēn	yǒu	shān,	yí	qīn	yōu;	dé	ǒu	shāng,	yí	q	n	xi¥。
qīn	à	wǒ,	xiào	hé	ná	qīn	wù	wǒ,	xià	fāng	xián。
q	n	yǒu	guò,	jiàn	shǐ	gēng;	yí	w	sè,	róu	wú	shē	g。
jiàn	b	rù,	yuè	fù	jià	háo	qì	suí,	tà	ú	yuàn。

表 2

训练报告表

| 第四项 视觉转移
填写缺失的汉语拼音 | 填错: 个 | 填完全部所用时间: 分 秒 |

第五项 听觉分辨 找出两句话中不同的词组

训练内容参照第 2 日第五项。

要求 家长读几题中很相近的两句话，每题读三遍。找出两句话中不同的三对词组。

训练报告表

第五项　听觉分辨 找出两句话中不同 的词组	1 题：
	2 题：
	3 题：
	4 题：

 **第六项　视觉分辨**　数出有多少个指定的数字

目的　通过练习，提高视觉分辨能力。　　**记录**　将答案写在下面的训练报告表中。
要求　在数字表中数出有多少个"65"。　**目标**　以数的数目接近正确值为好。
训练

```
81652564603243365243338635656073242892 6365
04433820428345003346539560656574806326 7860
47654688933438965534638421532634654673 3806
22549065677932586212583142856438735324 6463
65399360872469280744336606539827946264 5279
83462928657990246883133046569302463357 7229
98447033695427346556014879263543947065 3655
36522958946249967125465314241523462467 7889
35363265458065369506762890420536513545 4365
92076503951214296258466596546604496606 506
04022493463702469897035633956565943493 8453
09033622956620387654955534774355033965 4314
```

训练报告表

第六项　视觉分辨 数出有多少个指定 的数字	数出的数字：　　　　个

第 9 日

第一项　净心训练　静坐（10 分钟）

训练内容参照第 1 日第一项。

要求　学生端坐，两手放于膝盖；将装米的杯子置于头顶；腰背挺直，全身放松；闭目；均匀呼吸，并逐渐放慢。边数呼吸的次数，边听音乐。这样持续坐 10 分钟。

训练报告表

第一项　净心训练 **静坐**	所用时间：　　　分	呼吸次数：　　　次	掉杯子数：　　　次

第二项　视觉追踪　扫视折线

准备　从"教材·答案册"书后取出卡片 9。

要求　头不转动，眼睛平视卡片 9，距离图 20 厘米或再近一些。扫视时，眼睛从黑圈沿着箭头扫视到右面的黑点，再沿线向下扫视到左下的黑点……至最后一个黑点，然后再按原路折回到黑圈为一次。注意：扫视的过程中，头不能转动，眼睛一定要看清楚黑线。

记录　把在二分钟时间里扫视折线的次数写到下面的训练报告表中。共扫视 3 次（3 个二分钟），共记录 3 次。允许记录半次。

目标　以扫视的次数越多越好。

卡片 9

训练报告表

第二项　视觉追踪 **扫视折线**	第一次扫视的次数	第二次扫视的次数	第三次扫视的次数
	次	次	次

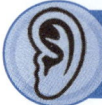 **第三项　听觉集中**　**数出几个指定数字的数目**

训练内容请参照第 1 日第三项。

要求　听家长读数列，数出指定的两位数字（"36"，"79"，"21"，"62"）各有几个，并将答案写在下面的训练报告表中。

训练报告表

第三项　听觉集中 **数出几个指定数字 的数目**	36：　　　个	79：　　　个	21：　　　个	62：　　　个

第四项　视觉分辨　**找出与众不同的一个图**

训练内容参照第 3 日第四项。

要求　仔细观察各图形的细微差别，还要将图形进行旋转式的观察。并将寻找到的图标出来，将所用时间写在训练报告表中。

训练

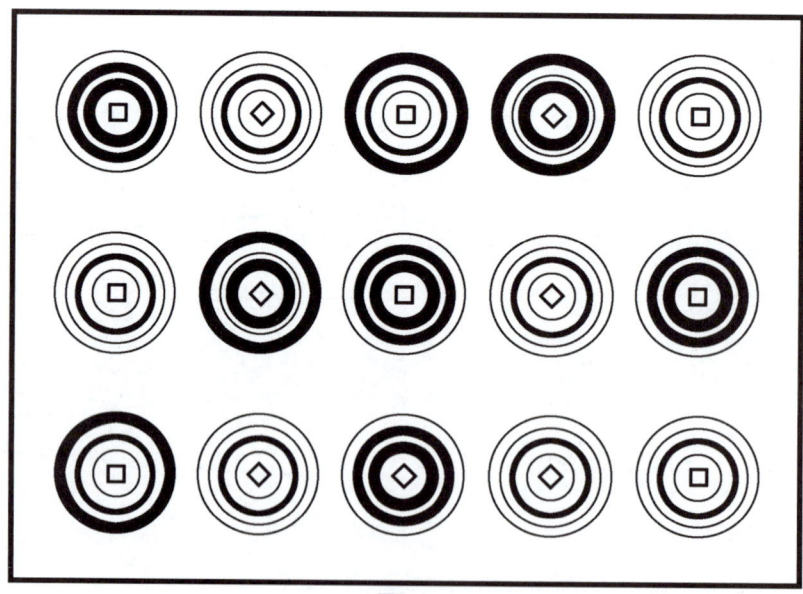

图 1

图 2

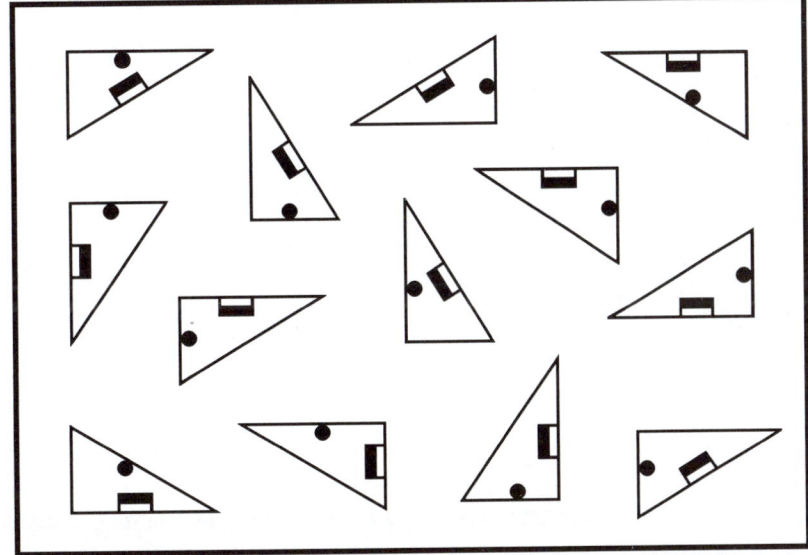

图 3

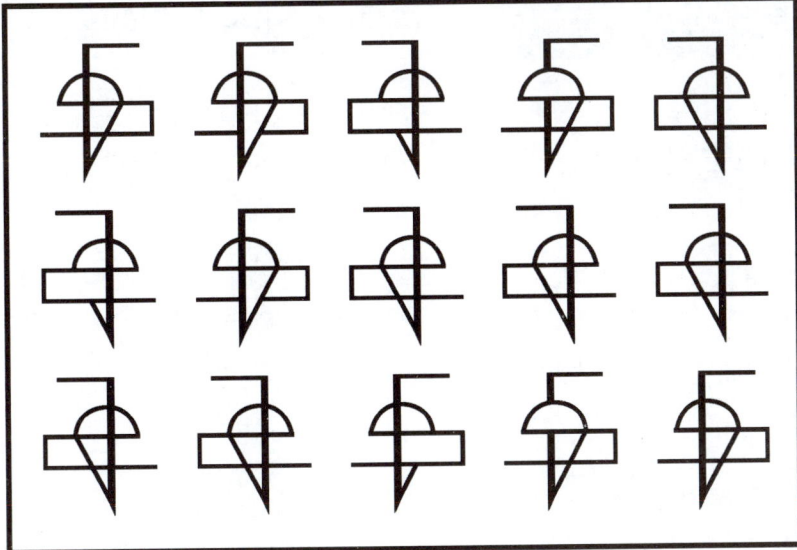

图 4

训练报告表

第四项　视觉分辨 找出与众不同的一个图	找对图形：　　　图	所用时间：　　分　　秒

 第五项　听觉记忆　　写出混合式列中的词组

目的　通过此种排除干扰的记忆练习，可以进一步提高听觉记忆，是难度较大的听觉记忆训练。

要求　家长读一段词和数字混合的式列，学生努力记住式列中按读的顺序排列的词组。

记录　把式列中的词组，按读的顺序写在下面的训练报告表中。

目标　以听对的词组越多越好。

训练

训练报告表

第五项　听觉记忆 写出混合式列中的词组	1 题：
	2 题：
	3 题：
	4 题：

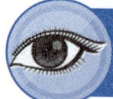 **第六项　视觉集中**　　读没有逻辑关系的莫名文章

目的　此"莫名文章"中的各种符号都没有任何逻辑关系。借助这种情况进行阅读，必须要具有很高的视觉注意，因此这种训练可以很有效的提高视知觉集中的能力。

要求　努力准确、快捷地读莫名文章。其中的标点符号、计算符号要读出名称，例如"省略号"、"加号"等；大写字母读英文，小写字母读拼音。

记录　请家长帮助检测读数的情况，把读错的次数和所用时间写在下面的训练报告表中。

目标　以读错少为好，时间短为好。

训练

八	波	比	不	宝	百	北	办	本	宾	帮	崩	兵	Q	W	E	R	T	Y	U
I	O	P	怕	坡	皮	扑	跑	拍	陪	盘	盆	品	胖	朋	平	A	S	D	F
G	H	J	K	L	马	摸	米	木	毛	埋	没	慢	门	民	忙	梦	明	Z	X
C	V	B	N	M	法	佛	扶	非	凡	分	方	风	，	。	？	！	；	大	多
得	地	肚	刀	代	但	斗	丢	顿	当	灯	丁	冬	-	+	=	×	÷	<	>
他	驮	特	体	兔	逃	头	太	推	谈	吞	汤	疼	听	同	a	o	e	i	u
ü	拿	诺	你	闹	牛	乃	南	您	女	农	能	宁	b	p	m	f	d	t	n
l	拉	罗	里	路	老	楼	流	来	雷	兰	林	绿	轮	狼	龙	冷	玲	g	k
h	j	q	x	个	古	高	勾	改	给	归	干	跟	棍	刚	更	工	z	c	s
zh	ch	sh	r	y	w	可	哭	扩	考	口	开	亏	看	肯	困	康	空	坑	ao
ou	iu	ai	ei	ui	哈	火	和	户	好	后	害	黑	回	汗	很	昏	行	红	横
an	en	in	un	家	几	就	叫	尖	今	军	江	井	ang	eng	ong	ing	其	恰	求
巧	千	亲	群	强	穷	青	1	3	2	4	3	5	4	6	5	7	6	8	7
9	8	10	下	西	休	小	先	心	寻	香	凶	星	A	C	B	D	C	E	D
F	E	G	杂	则	作	子	足	早	走	在	贼	最	咱	尊	脏	总	增	F	H
G	I	H	J	I	炸	这	捉	只	住	找	周	摘	追	站	真	准	丈	中	正
K	J	L	K	M	L	N	M	擦	册	次	错	草	才	催	蚕	寸	藏	层	从
O	N	P	O	Q	P	R	Q	S	R	U	S	V	茶	车	绰	尺	出	吵	仇
柴	吹	产	尘	春	长	虫	成	U	T	V	W	V	X	W	X	Z	Y	洒	色
所	司	诉	扫	搜	赛	岁	伞	森	孙	桑	僧	送	01	03	05	07	09	11	13
15	沙	社	说	是	书	少	手	晒	水	山	身	顺	上	生	02	04	06	08	10
12	14	16	18	20	热	日	如	绕	肉	锐	让	容	仍	99	77	55	33	11	00

训练报告表

第六项　视觉集中 读没有逻辑关系的 莫名文章	读错：　　　　个字	所用时间：　　分　秒

第 **10** 日

 **第一项　净心训练**　　静坐（10 分钟）

训练内容参照第 1 日第一项。

要求　学生端坐，两手放于膝盖；将装米的杯子置于头顶；腰背挺直，全身放松；闭目；均匀呼吸，并逐渐放慢。边数呼吸的次数，边听音乐。这样持续坐 10 分钟。

训练报告表

第一项　净心训练 **静坐**	所用时间：　　分	呼吸次数：　　次	掉杯子数：　　次

 **第二项　视觉追踪**　　扫视折线

训练内容参照第 9 日第二项。

准备　从"教材·答案册"书后取出卡片 10。

要求　眼睛平视卡片 10，距图 20 厘米或再近。扫视时，眼睛从黑圈按箭头的指向、沿黑线扫视到最后一个黑点，再按原路折回到黑圈为一次。注意：扫视过程中，头不能转动，眼睛一定要看清黑线。共扫视 3 个二分钟，记录三次。

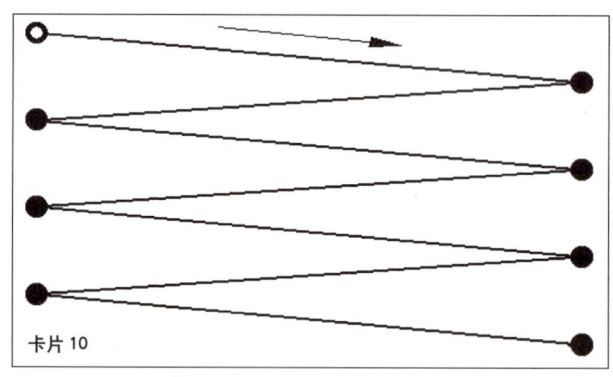

卡片 10

训练报告表

第二项　视觉追踪 **扫视折线**	第一次扫视的次数	第二次扫视的次数	第三次扫视的次数
	次	次	次

 **第三项　听觉集中**　　**数出几个指定汉字的数目**

训练内容参照第 2 日第三项。

要求 听家长读故事《王僧儒抄书养母》，数出指定汉字（"僧儒"，"小"）各有几个，并将答案写在下面的训练报告表中。

训练报告表

第三项 听觉集中 **数出几个指定汉字的数目**	僧儒： 个	小： 个

第四项 视觉分辨 数相同图形的数目

训练内容参照第 4 日第六项。

要求 在下图中数出相同图形的数目。注意：数的时候，要一行一行自上而下，或一列一列自左至右地数，才不会数丢或重复数。并将各种图形的数目写在图下面的空格中。图形总数为 150 个。

训练

中	申	甲	由	电	田	白	百	甲	申	白	电	中	由	百
田	申	电	中	百	甲	白	电	百	白	由	中	电	百	电
电	田	中	百	由	白	申	百	由	申	电	百	甲	田	中
申	由	田	中	申	白	中	中	甲	电	百	申	田	百	甲
中	电	中	田	百	申	白	由	甲	电	中	田	申	白	百
中	甲	电	申	田	中	白	电	由	申	甲	申	百	由	中
由	白	中	电	申	由	田	中	田	甲	申	中	电	电	白
百	由	白	中	电	中	百	甲	田	申	白	田	电	甲	由
甲	中	百	申	中	申	由	电	中	百	申	由	中	电	电
申	百	由	白	百	电	中	电	百	甲	电	由	电	田	百

中	申	甲	由	电	田	白	百

训练报告表

第四项　视觉分辨 **数相同图形的数目**	全部完成所用时间：　　分　　秒	细心程度：
	全部完成共进行的次数：　　　次	意志表现：

第五项　听觉分辨　　找出三句话中相同的词组

训练内容参照第 5 日第五项。

要求　听家长读几题中三句不同内容的话，学生找出三句话中相同的三个词组。家长先把某题的三个句子读完，再读两遍，每题读三遍。

训练报告表

第五项　听觉分辨 **找出三句话中相同 的词组**	1 题：
	2 题：
	3 题：

第六项　视觉转移　　填写缺失的汉字和符号

训练内容参照第 3 日第六项。

要求　对照表 1，把表 2 中缺失的汉字和各种符号填上。

训练

训练报告表

第六项　视觉转移 **填写缺失的汉字和 符号**	填错：　　　　　个	填完全部所用时间：　　分　　秒

八	波	比	不	宝	百	北	办	本	宾	帮	崩	兵	Q	q	Ē	e	T	t	U
u	Ō	o	怕	坡	皮	扑	跑	拍	陪	盘	盆	品	胖	朋	平	s	S	f	F
h	H	k	K	马	摸	米	木	毛	埋	没	慢	门	民	忙	梦	明	à	ǒ	é
ü	ī	ú	ǔ	法	佛	扶	非	凡	分	方	风	10	38	56	74	92	大	多	得
地	肚	刀	代	但	斗	丢	顿	当	灯	丁	冬	ā	ó	ě	è	í	ǔ	ù	他
驮	特	体	兔	逃	头	太	推	谈	吞	汤	疼	听	同	a	Ā	l	i	u	W
拿	诺	你	闹	牛	乃	南	您	女	农	能	宁	b	B	m	M	d	D	n	N

表 1

八		比	不		百		办		宾	帮		兵	Q		Ē		T	t	U
u	Ō		怕	坡		扑		拍	陪		盆	品		朋		s	S		F
h		k			摸	米	木	毛		没		门	民	忙	梦	明	à	ǒ	é
	ī	ú	ǔ	法		扶		凡	分	方	风		38		74			多	得
	肚	刀			斗		顿		灯		冬	ā	ó	ě	è	í	ǔ		他
驮	特		兔	逃		太	推	谈		汤	疼	听	同	a		l	i	u	W
	诺	你		牛	乃	南		女	农		宁		B		M	d		n	N

表 2

第 11 日

第一项　净心训练　　静坐（10 分钟）

训练内容参照第 1 日第一项。

要求　学生端坐，两手放于膝盖；将装米的杯子置于头顶；腰背挺直，全身放松；闭目；均匀呼吸，并逐渐放慢。边数呼吸的次数，边听音乐。这样持续坐 10 分钟。

训练报告表

第一项　净心训练 **静坐**	所用时间：　　分	呼吸次数：　　次	掉杯子数：　　次

第二项　视觉追踪　　扫视折线

训练内容参照第 9 日第二项。

准备　从"教材·答案册"书后取出卡片 11。

要求　眼睛平视卡片 11，距图 20 厘米或再近。扫视时，眼睛从黑圈按箭头的指向、沿黑线扫视到最后一个黑点，再按原路折回到黑圈为一次。注意：扫视过程中，头不能转动，眼睛一定要看清黑线。共扫视 3 个二分钟，记录三次。

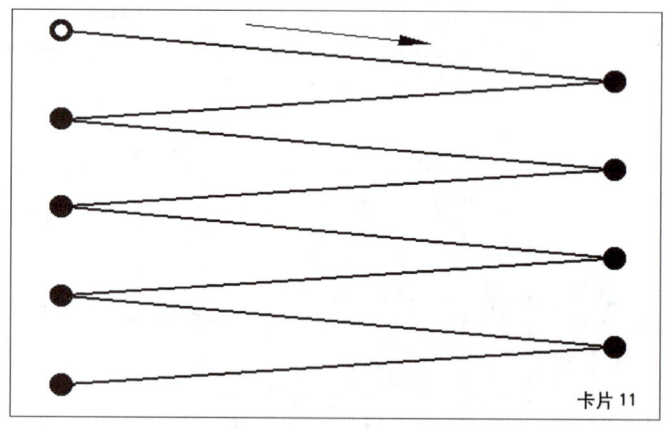

卡片 11

训练报告表

第二项　视觉追踪 **扫视折线**	第一次扫视的次数	第二次扫视的次数	第三次扫视的次数
	次	次	次

 **第三项 听觉集中** 数出几个指定数字的数目

训练内容请参照第 1 日第三项。

要求 听家长读数列,数出指定的两位数字("87","56","90","13")各有几个,并将答案写在下面的训练报告表中。

训练报告表

第三项 听觉集中 **数出几个指定数字 的数目**	87: 个	56: 个	90: 个	13: 个

 **第四项 视觉分辨** 按数序在图中找到各数

训练内容参照第 2 日第四项。

要求 按正数序 1~99 和倒数序 99~1,分两次在表中依次找到各数字。将按数序寻找各数字所用的时间写在下面的训练报告表中。并比较两次的练习是否有进步。

训练

10	22	39	4	65	46	96	32	74	19	56
47	95	71	52	28	60	14	57	1	35	83
62	34	16	89	9	55	41	90	76	91	24
59	98	97	38	78	18	23	7	66	48	87
2	49	26	86	31	99	72	63	70	84	13
79	50	67	12	58	85	30	21	45	8	43
37	75	6	81	25	44	51	94	17	68	80
15	27	88	40	69	77	3	54	92	33	61
64	53	36	93	73	42	82	11	29	20	5

训练报告表

第四项　视觉分辨 按数序在图中找到 各数	正数序所用时间：　　　分	倒数序所用时间：　　　分

 第五项　听觉转移　　按词组的分类画符号

训练内容参照第 4 日第五项。

　　要求　听家长按顺序读 40 个词组，当听到词组属于"人物个性"类时，在相应的格子内写"1"，属于"自然地貌"类时，在相应的格子内写"2"。

　　训练

1	2	3	4	5	6	7	8	9	10
11	12	13	14	15	16	17	18	19	20
21	22	23	24	25	26	27	28	29	30
31	32	33	34	35	36	37	38	39	40

训练报告表

第五项　听觉转移 按词组的分类画符号	画错：　　　　个

 **第六项　视觉集中**　　**读数字**

训练内容参照第 2 日第四项。

　　要求　要准确、清晰并尽快地读 400 个数字。

　　训练

33057	27036	57595	91953	09218
61173	81932	61179	31051	18548
07446	23799	62749	56735	18857
52724	89122	79381	83011	94912
98336	73362	44065	66430	86021
39494	63952	24737	19070	21798
60943	70277	05392	17176	29317
67523	84674	81846	76694	05132
00056	81271	45263	56082	77857
71342	75778	96091	73637	17872
14684	40901	22495	34301	46549
58537	10507	92279	68925	89235
42019	95611	21290	21960	86403
44181	59813	62977	47713	09960
51870	72113	49999	99837	29780
49951	05973	17328	16096	31859

训练报告表

第六项 视觉集中 读数字	读错的数字： 个	所用时间： 分 秒

第 12 日

第一项　净心训练　　静坐（10 分钟）

训练内容参照第 1 日第一项。

要求　学生端坐，两手放于膝盖；将装米的杯子置于头顶；腰背挺直，全身放松；闭目；均匀呼吸，并逐渐放慢。边数呼吸的次数，边听音乐。这样持续坐 10 分钟。

训练报告表

第一项　净心训练 **静坐**	所用时间：　　分	呼吸次数：　　　次	掉杯子数：　　　次

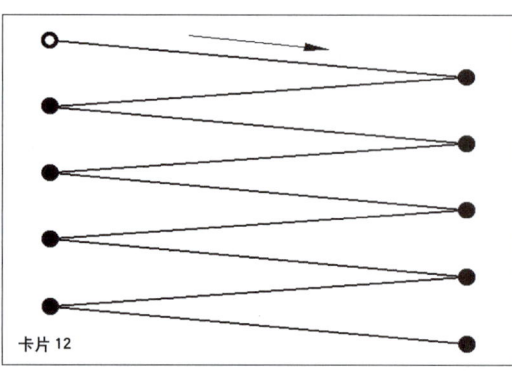

第二项　视觉追踪　　扫视折线

训练内容参照第 9 日第二项。

准备　从"教材·答案册"书后取出卡片 12。

要求　眼睛平视卡片 12，距图 20 厘米或再近。扫视时，眼睛从黑圈按箭头的指向、沿黑线扫视到最后一个黑点，再按原路折回到黑圈为一次。注意：扫视过程中，头不能转动，眼睛一定要看清黑线。共扫视 3 个二分钟，记录三次。

卡片 12

训练报告表

第二项　视觉追踪 **扫视折线**	第一次扫视的次数	第二次扫视的次数	第三次扫视的次数
	次	次	次

第三项　听觉集中　　数出几个指定汉字的数目

训练内容参照第 2 日第三项。

要求 听家长读故事《用墙壁练字》，数出指定汉字（"字"，"写"）各有几个，并将答案写在下面的训练报告表中。

训练报告表

第三项 听觉集中 数出几个指定汉字 的数目	字： 个	写： 个

 **第四项 视觉分辨** **数叠加图形中相同图形的数目**

训练内容参照第 5 日第四项。

要求 在图中寻找与图下面标准图相同的图，并将各种图形的数目写在标准图旁的空格中。

训练

图 1

图 2

第五项　听觉分辨　　**找出两句话中不同的词组**

训练内容参照第 2 日第五项。

要求　听家长读几题中很相近的两句话，每题共读三遍。找出两句话中不同的四对词组。

训练报告表

第五项　听觉分辨 **找出两句话中不同 的词组**	1 题：
	2 题：
	3 题：

第六项　视觉转移　　**填写缺失的数字**

训练内容参照第 3 日第四项。

要求　对照表 1，将表 2 中缺失的数字填上。

训练

0	0	0	5	6	8	1	2	7	1	4	5	2	6	3	5	6	0	8	2	7	7	8	5	7

000568127145263560827785 7
713427577896091736371787 2
146844090122495343014654 9
585371050792279689258923 5
420199561121290219608640 3
441598136297747713099 60
518702113499999983729780
499510597317328160963185 9

表1

00	56	12	14	26	56	82	78	7
7	34	75	78	60	17	63	17	72
46	44	90	22	95	43	14	54	
5	53	10	07	22	96	92	89	35
42	19	56	12	29	21	60	64	3
41	15	81	62	77	77	30	96	
51	70	21	34	99	99	37	97	0
4	95	05	73	73	81	09	31	59

表2

训练报告表

第六项 视觉转移 **填写缺失的数字**	填错：	个	填完全部所用时间：	分 秒

第 **13** 日

 **第一项　净心训练**　　静坐（10 分钟）

训练内容参照第 1 日第一项。

要求　学生端坐，两手放于膝盖；将装米的杯子置于头顶；腰背挺直，全身放松；闭目；均匀呼吸，并逐渐放慢。边数呼吸的次数，边听音乐。这样持续坐 10 分钟。

训练报告表

第一项　净心训练 **静坐**	所用时间：　　分	呼吸次数：　　次	掉杯子数：　　次

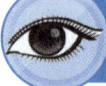 **第二项　定点注视**　　注视一点不动

训练内容参照第 1 日第二项。

准备　从"教材·答案册"书后取出卡片 1。

要求　将卡片 1 平置于距眼睛 20 厘米处，连续盯视 1 分钟。之后，眼睛看着墙壁上出现的白色圆形，数从看到白色圆形到圆形消失时间的长短。连续做三次。

卡片 1　　　　　　　　　●

训练报告表

第二项　定点注视 **注视一点不动**	第一次影像延续 时间：　　秒	第二次影像延续 时间：　　秒	第三次影像延续 时间：　　秒

第三项　听觉集中　　**数出几个指定数字的数目**

目的　通过此项练习，除了训练听清数字，更要求数清楚此数列每一组三位数中指定的位数和具体要数的数字总共有几个。进一步提高了训练的难度。

要求　家长读数列，学生数出数列每一组三个数中指定的位数和具体要数的数字

总共有几个。

　　记录　学生将每题的答案写在下面的训练告表中。

　　目标　以数对的数目越多越好。

训练报告表

第三项　听觉集中 **数出几个指定数字 的数目**	个位是 5 的数：　个	个位是 8 的数：　个	个位是 2 的数：　个

 **第四项　视觉分辨**　　**数相同图形的数目**

训练内容参照第 4 日第六项。

　　要求　在下图中数出相同图形的数目。注意：数的时候，要一行一行自上而下，或一列一列自左至右地数，才不会数丢或重复数。并将各种图形的数目写在图下面的空格中。图形总数为 150 个。

　　训练

f	d	p	q	t	q	f	d	p	b	p	f	q	b	t
d	t	b	q	f	b	d	b	f	p	t	d	t	p	b
p	d	q	b	t	q	p	q	b	d	t	b	d	q	b
q	f	b	f	p	p	d	q	f	p	p	d	b	p	f
t	b	q	q	t	b	b	t	p	t	d	d	f	q	t
d	q	t	b	q	f	d	p	f	d	b	q	p	f	b
f	p	p	q	t	b	f	d	p	b	q	f	q	d	t
p	q	t	d	p	d	f	b	d	q	d	p	p	q	q
d	d	b	q	t	b	d	f	f	p	t	b	b	p	d
b	d	q	p	f	t	p	q	p	t	b	d	f	t	b

f	d	p	q	t	b

训练报告表

第四项　视觉分辨 **数相同图形的数目**	全部完成所用时间：　　分　　秒	细心程度：
	全部完成共进行的次数：　　次	意志表现：

第五项　听觉分辨　边听故事边在词组中寻找听到的词组

训练内容参照第 3 日第五项。

要求　看着训练报告表中的多个词组，听着家长读故事，当看到与听到故事中相同的词组时，即刻把它划出来。

训练

训练报告表

第五项　听觉分辨 **边听故事边在词组 中寻找听到的词组**	神秘	奖赏	立刻	仓促	遥远
	吩咐	寻找	珍宝	珠宝	赏赐
	划对的词组：　　　　　个				

第六项　视觉集中　读倒写的成语接龙

目的　倒读成语时，字与字之间是没有任何逻辑关系的。借助这种情况进行阅读，必须要具有很高的视觉注意，因此这种训练可以很有效的提高视知觉集中的能力。

要求　集中注意力读，争取减少错误并逐渐加快速度。

记录　请家长帮助检测学生读成语的情况，并把读错的次数和所用时间写在下面的训练报告表中。

目标　以读错少为好，时间短为好。

训练

根归叶落——落彼起此——此彼此彼——彼知已知——知皆人路——

路言开广——广识多见——见之蛙井——井背乡离——离神合貌——

貌笑容音——音之外弦——弦心人动——动地摇山——山泰于重——

重望高德——德离心离——离分肉骨——骨入之恨——恨旧仇新——

新一目耳——耳接头交——交之难患——患为满人——人贵官达——

达腾黄飞——飞魂散魄——魄动心惊——惊心战胆——胆张目明——

明目聪耳——耳大头肥——肥肠满脑——脑虎头虎——虎活龙生——

生而然油——油浇上火——火灯家万——万上千成——成告功大——

大光扬发——发焕神精——精求益精——精取粗去——去直来直——

直曲非是——是皆比比——比无丑奇

训练报告表

第六项 视觉集中 **读倒写的成语接龙**	读错：	个字	所用时间：	分 秒

第 14 日

第一项　净心训练　　静坐（10 分钟）

训练内容参照第 1 日第一项。

要求　学生端坐，两手放于膝盖；将装米的杯子置于头顶；腰背挺直，全身放松；闭目；均匀呼吸，并逐渐放慢。边数呼吸的次数，边听音乐。这样持续坐 10 分钟。

训练报告表

第一项　净心训练 **静坐**	所用时间：　　分	呼吸次数：　　次	掉杯子数：　　次

第二项　视觉追踪　　扫视折线

准备　从"教材·答案册"书后取出卡片 13。

要求　将卡片 13 平置，眼睛距图 20 厘米或再近，头不动，眼睛由黑圈开始沿箭头方向快速沿折线方向扫视……直到回到黑圈，算一次。在扫视的过程中，必须要看清黑线。记住二分钟时间内扫视的次数。

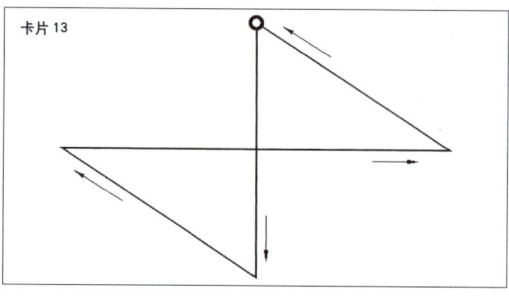

记录　将二分钟时间内扫视的次数，写在下面的训练报告表中。共扫视 3 次（三个二分钟），并记录 3 次。

目标　以扫视的次数越多越好。

训练报告表

第二项　视觉追踪 **扫视折线**	第一次扫视的次数	第二次扫视的次数	第三次扫视的次数
	次	次	次

第三项　听觉集中　　数出几个指定汉字的数目

训练内容参照第 2 日第三项。

要求　听家长读故事《苏东坡写扇助人》，数出指定汉字（"苏轼"，"钱"）各有几个，并将答案写在下面的训练报告表中。

训练报告表

第三项　听觉集中 **数出几个指定汉字 的数目**	苏轼：　　　　　　个	钱：　　　　　　个

 **第四项　视觉分辨**　　**找出不同部首的词组**

目的　此练习是为了分辨不同词组的部首，既训练了视觉的分辨能力，也提高了对汉字部首的认识。

要求　在下表的汉字中，划出"言"部、"口"部、"虫"部的词。

记录　将不同部首词组的数目写在下面的训练报告表中。

目标　以数对的数目越多越好。

训练

认识	狝猴	证词	蟒蛇	咖喱	摇摆	浑浊	捕捞	咖啡	波浪	
喇嘛	挫折	讨论	泛滥	蝌蚪	吃喝	波涛	扶持	讲课	蟾蜍	
澎湃	喷嚏	蜘蛛	咧嘴	汹涌	训诫	拥抱	清洁	蜻蜓	咽喉	
海洋	蜥蜴	话语	潮汐	蚰蜒	呼吸	沉浮	诉讼	抵挡	湖泊	
拾掇	蝴蝶	咳嗽	诙谐	流泪	螳螂	呻吟	狐狸	深浅	许诺	
擦拭	蚯蚓	游泳	哮喘	诽谤	漩涡	猛犸	蝶螈	澄清	吩咐	
泡沫	访谈	蚂蚁	沐浴	挟持	洗涤	狼狈	咕咚	谬论	蚱蜢	
浙江	唠叨	读诵	泥泞	拷打	猎狗	汪洋	蜈蚣	哽咽	深渊	
蝙蝠	咆哮	河流	狰狞	滂沱	评议	挑拨	猞猁	叮咛	淘汰	
蛤蚧	淡泊	唢呐	螃蟹	狩猎	浑浊	设计	挣扎	活泼	呼啸	
蝼蛄	混沌	猖狂	嘱咐	滇池	蟋蟀	海浪	狡猾	诉说	挖掘	
沙滩	根据	猢狲	吼叫	蚂蟥	涟漪	捕捉	蟑螂	喉咙	狻猊	

训练报告表

第四项　视觉分辨 找出不同部首的词组	言部：　　　　个	口部：　　　　个	虫部：　　　　个

第五项　听觉集中　记录数列中按偶数数序排列缺失的数字

训练内容参照第 7 日第五项。

要求　听家长读一个数列，学生找到数列中按偶数数序排列缺失的数字。

训练报告表

第五项　听觉集中 记录数列中按偶数数序 排列缺失的数字	1 题：	2 题：
	3 题：	4 题：

第六项　视觉集中　读文章《弟子规》

训练内容参照第 4 日第四项。

要求　要准确、清晰而尽快地读文章《弟子规》。

训练

事非宜　勿轻诺　苟轻诺　进退错　凡道字　重且舒　勿急疾　勿模糊

　　　nuò gǒu

　　　　　　　　　　　　　　　　　　　　　　　　　　　　　zòng　　　jiàn jī

彼说长　此说短　不关己　莫闲管　见人善　即思齐　纵去远　以渐跻

　　　　　xǐng　　　　　　　　　wéi　　　　　　　　　　　　　　　lì

见人恶　即内省　有则改　无加警　惟德学　惟才艺　不如人　当自励

　　　　　　　　　　　　　　qī　　　　　　　　　yù sǔn　　　yì

若衣服　若饮食　不如人　勿生戚　闻过怒　闻誉乐　损友来　益友却

　kǒng　　xīn　　liàng

闻誉恐　闻过欣　直谅士　渐相亲　无心非　名为错　有心非　名为恶

tǎng　yǎn shì　　gū　　　　　　　　　　　　　　fù　　zài
过能改　归于无　倘　掩　饰　增一辜　凡是人　皆须爱　天同覆　地同载

行高者　名自高　人所重　非貌高　才大者　望自大　人所服　非言大

zī　　chǎn　　pín
己有能　勿自私　人有能　勿轻訾　勿谄富　勿骄贫　勿厌故　勿喜新

训练报告表

第六项　视觉集中 **读文章《弟子规》**	读错的数字：　　　个	所用时间：　　分　　秒

第 15 日

 **第一项　净心训练** **静坐（10 分钟）**

训练内容参照第 1 日第一项。

要求　学生端坐，两手放于膝盖；将装米的杯子置于头顶；腰背挺直，全身放松；闭目；均匀呼吸，并逐渐放慢。边数呼吸的次数，边听音乐。这样持续坐 10 分钟。

训练报告表

第一项　净心训练 **静坐**	所用时间：　　　分	呼吸次数：　　　次	掉杯子数：　　　次

 **第二项　视觉追踪** **扫视折线**

训练内容参照第 14 日第二项。

准备　从"教材·答案册"书后取出卡片 14。

要求　将卡片 14 平置，眼睛距图 20 厘米，头不动。眼睛由黑圈按箭头指向快速沿折线方向扫视……直到回到黑圈，算一次。记住二分钟内扫视的次数，共扫视 3 个二分钟。允许记录半次。

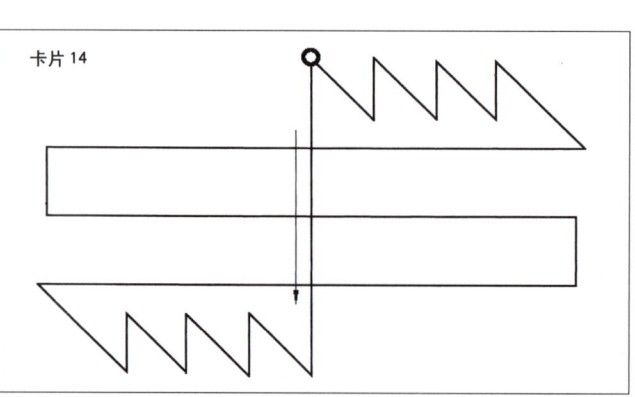

卡片 14

训练报告表

第二项　视觉追踪 **扫视折线**	第一次扫视的次数	第二次扫视的次数	第三次扫视的次数
	次	次	次

 **第三项　听觉集中** **数出几个指定数字的数目**

训练内容参照第 13 日第三项。

要求 家长读数列，学生数出数列所有三位数中指定的位数和具体要数的数字共有几个。并把答案写在训练报告表中。

训练报告表

第三项 听觉集中 数出几个指定数字 的数目	十位是 1 的数： 个	十位是 9 的数： 个	十位是 6 的数： 个

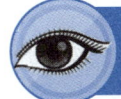 **第四项 视觉分辨** **按数序在图中找到各数**

训练内容参照第 2 日第四项。

要求 按正数序 1~95 和倒数序 95~1，分两次在表中依次找到各数字。将按数序寻找完各数字所用的时间写在下面的训练报告表中，并比较两次的练习是否有进步。

训练

（数字图表：35, 19, 89, 87, 65, 91, 31, 50, 8, 76, 70, 78, 23, 14, 24, 44, 9, 57, 81, 92, 79, 64, 51, 32, 86, 90, 71, 49, 18, 5, 80, 75, 45, 56, 36, 73, 94, 93, 10, 95, 58, 46, 1, 16, 74, 52, 47, 28, 6, 25, 85, 22, 61, 20, 63, 4, 43, 3, 72, 60, 83, 39, 67, 15, 27, 69, 33, 11, 42, 37, 59, 77, 30, 55, 68, 7, 82, 2, 84, 41, 88, 66, 34, 53, 62, 12, 38, 29, 21, 54, 17, 40, 13, 26, 48）

训练报告表

第四项　视觉分辨 **按数序在图中找到 各数**	正数序所用时间：　　　　分	倒数序所用时间：　　　　分

 **第五项　听觉分辨**　　找出三句话中相同的词组

训练内容参照第 5 日第五项。

要求　听家长读几题中三句不同内容的话，学生找出三句话中相同的四个词组。家长先把某题的三个句子读完，再读两遍（每题共读三遍）。

训练报告表

第五项　听觉分辨 **找出三句话中相同的 词组**	1 题：
	2 题：
	3 题：

 **第六项　视觉转移**　　填写缺失的汉字与汉语拼音

训练内容参照第 3 日第六项。

要求　对照表 1，把表 2 中缺失的汉字、拼音字母、声调号和标点符号填上。

训练

训练报告表

第六项　视觉转移 **填写缺失的汉字与汉语 拼音**	填错：　　　　个	填完全部所用时间：　　分　　秒

《书》为之，譬 pì 之犹 yóu 以指测 cè 河也，以戈 gē 舂 chōng 黍 shǔ 也，以锥 zhuī 飡 cān 壶 hú 也，不可以得之矣。故隆礼，虽未明，法士也；不隆礼，虽察 chá 辩 biàn，散 sǎn 儒也。

问楛 kǔ 者，勿告也。告楛者，勿问也。说楛者，勿听也。有争气者，勿与辩也。故必由其道至然后接之，非其道则避 bì 之。故礼恭 gōng 而后可与言道之方，辞 cí 顺而后可与言道之理，色从而后可与言道之致。故未可与言而言谓之傲，可与言而不言谓之隐 yǐn，不观 guān 气色而言谓之瞽 gǔ。故君子不傲、不隐、不瞽，谨 jǐn 顺其身。《诗》曰："匪 fěi 交匪纾 shū，天子所予 yǔ。"此之谓也。

表1

《书》为之，　　　之　　　以指测 cè 河也，以戈　舂　黍　也，以锥　飡　　　hú 也，不可以得之矣。故隆礼，虽未明，法士也；不隆礼，虽察 chá　　，散 sǎn　也。

问　kǔ 者，勿告也。告楛者，勿问也。说楛者，勿听也。有争气者，勿与辩也。故必由其道至然后接之，非其道则避 bì 之。故礼　gōng 而后可与　　，辞 cí 顺而后可与　　，色从而后可与　　。故未可与言而言　　，可与言而不言　yǐn，不观 guān 气色而言　gǔ。故君子不傲、不隐、不瞽，谨 jǐn 顺其身。《诗》曰："　fěi 交匪纾　，天子所　yǔ。"此之谓也。

表2

65

第 16 日

 **第一项　净心训练**　　**静坐　（9 分钟）**

训练内容参照第 1 日第一项。

要求　学生端坐，两手放于膝盖；将装米的杯子置于头顶；腰背挺直，全身放松；闭目；均匀呼吸，并逐渐放慢。边数呼吸的次数，边听音乐。这样持续坐 10 分钟。

训练报告表

第一项　净心训练 **静坐**	所用时间：　　　　分	呼吸次数：　　　　次	掉杯子数：　　　　次

 **第二项　视觉追踪**　　**扫视折线**

训练内容参照第 14 日第二项

准备　从"教材·答案册"书后取出卡片 15。

要求　将卡片 15 平置，眼睛距图 20 厘米，头不动。眼睛由黑圈按箭头指向快速沿折线方向扫视……直到回到黑圈，算一次。记住二分钟内扫视的次数，共扫视 3 个二分钟。（若时间到了，还停在半路，可算半次）。

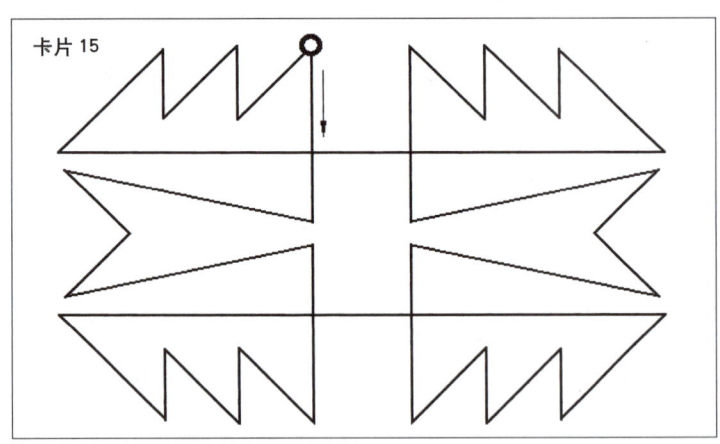

卡片 15

训练报告表

第二项　视觉追踪 **扫视折线**	第一次扫视的次数	第二次扫视的次数	第三次扫视的次数
	次	次	次

 **第三项　听觉集中**　　**数出几个指定汉字的数目**

训练内容参照第 2 日第三项。

要求 听家长读故事《小黄香扇枕暖被》，数出指定汉字（"黄香"，"亲"）各有几个，并将答案写在下面的训练报告表中。

训练报告表

第三项 听觉集中 **数出几个指定汉字的 数目**	黄香： 个	亲： 个

第四项 视觉分辨　数相同图形的数目

训练内容参照第 4 日第六项。

要求 在下图中数出相同图形的数目。注意：数的时候，要一行一行从左至右，或一列一列从上至下地数，才不会数丢或重复数。将各种图形的数目写在图下面的空格中。图形总数为 216 个。

训练

┼ ▫ 0 △ ○ ✕

训练报告表

第四项　视觉分辨 **数相同图形的数目**	全部完成所用时间：　　分　　秒	细心程度：
	全部完成共进行的次数：　　次	意志表现：

第五项　听觉记忆　　写出混合式列中的词组

训练内容参照第 9 日第五项训练。

　　要求　家长读一段词和数字混合的式列，学生记住式列中按读的顺序排列的词组，并把它们按读的顺序写在下面的训练报告表中。

　　训练

第五项　听觉记忆 **写出混合式列中的 词组**	1 题：
	2 题：
	3 题：
	4 题：

第六项　视觉集中　　拼读汉语拼音并写出相应的汉字

训练内容参照第 7 日第六项。

　　要求　拼读汉语拼音，并在下边空行中写出相应的汉字。

　　训练

háo   hǎn   hēng   hóng   huǒ   jiá   jiàn   jiāng   jiǒng

_____

qǔ   qīng   qià   qiǎn   qióng   xì   xǐng   xiá   xiōng   xiàng

_____

zǒu   zūn   zěn   zán   zēng   cān   cén   cùn   cóng   cuò

_____

suì   sōu   sǎo   sǔn   sēng   sòng   zhuī   zháo   zhǔn   zhèng

_____

chāo   chán   chǔn   chàng   shāi   sháo   shǎn   shùn   shēng

_____

训练报告表

第六项　视觉集中 拼读汉语拼音并写 出相应的汉字	错：　　　　个

第 **17** 日

第一项　净心训练　静坐（10 分钟）

训练内容参照第 1 日第一项。

要求　学生端坐，两手放于膝盖；将装米的杯子置于头顶；腰背挺直，全身放松；闭目；均匀呼吸，并逐渐放慢。边数呼吸的次数，边听音乐。这样持续坐 10 分钟。

训练报告表

第一项　净心训练 **静坐**	所用时间：　　分	呼吸次数：　　次	掉杯子数：　　次

第二项　视觉追踪　扫视折线

训练内容参照第 14 日第二项。

准备　从"教材·答案册"书后取出卡片 16。

要求　将卡片 16 平置，眼睛距图 20 厘米，头不动。眼睛由黑圈按箭头指向快速沿折线方向扫视……直到回到黑圈，算一次。记住二分钟内扫视的次数，共扫视 3 个二分钟。（允许记录半次）。

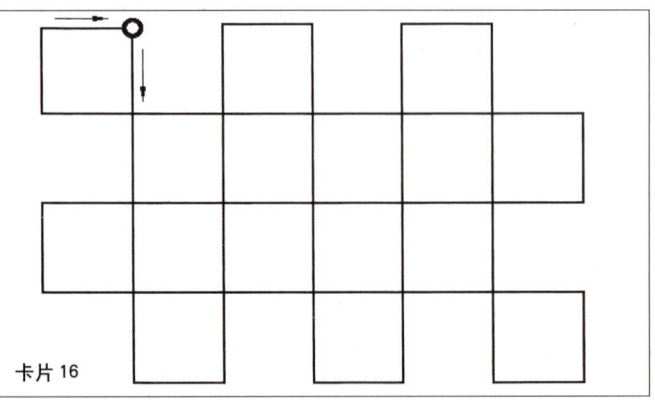

卡片 16

训练报告表

第二项　视觉追踪 **扫视折线**	第一次扫视的次数	第二次扫视的次数	第三次扫视的次数
	次	次	次

第三项　听觉集中　数出几个指定数字的数目

训练内容参照第 13 日第三项。

要求　家长读数列，学生数出数列所有三位数中指定的位数和具体要数的数字共有几个。并把答案写在训练报告表中。

训练报告表

第三项　听觉集中 **数出几个指定数字的 数目**	百位是 0 的数：　个	百位是 7 的数：　个	百位是 3 的数：　　个

 **第四项　视觉分辨**　**从纷乱的图中找出与标准图相同的图**

目的　在纷繁复杂的图中找到标准图形，除了会提高视觉的分辨能力，还训练了思维方法外，更重要的是磨练了意志力和坚持性。

要求　数出与左上角标准图相同的图形个数，其过程要求具备安静的心态和细致的观察力。

记录　将图形的数目及所用时间填写在下面的训练报告表中。

目标　以数对找到的图形数越多越好，所用时间越短越好。

训练

训练报告表

第四项　视觉分辨 从纷乱的图中找出 与标准图相同的图	找到的图形数：　　　　个	所用时间：　　　分　　　秒

 第五项　听觉转移　　**听写混合答案**

训练内容参照第 6 日第五项。

要求　听家长一次性读完一个题目中的三个小问题后，学生再将 3 个答案一次性写在下面的训练报告表中。

训练报告表

第五项　听觉转移 听写混合答案	1 题：
	2 题：
	3 题：

第六项　视觉转移　　**填写缺失的汉语拼音**

训练内容参照第 3 日第六项。

要求　对照表 1，把表 2 中缺失的拼音字母、声调号和标点符号填上。

训练

训练报告表

第六项　视觉转移 填写缺失的汉语拼音	填错：　　　　个	填完全部所需时间：　　　分　　　秒

qīn	yǒu	jī,	yào	xiān	cháng;	zhòu	yè	shì,	bù lí	chuáng。
sāng	sān	nián,	cháng	bēi	yè;	jū	chù	biàn,	jiǔ ròu	jué。
sāng	jìn	lǐ,	jì	jìn	chéng;	shì	sǐ	zhě,	rú shì	shēng。
xiōng	dào	yǒu,	dì	dào	gōng;	xiōng	dì	mù,	xiào zài	zhōng。
cái	wù	qīng,	yuàn	hé	shēng;	yán	yǔ	rěn,	rèn zì	mǐn。
huò	yǐn	shí,	huò	zuò	zǒu;	zhǎng	zhě	xiān,	yòu zhě	hòu。
zhǎng	hū	rén,	jǐ	dài	jiào;	rén	bú	zài,	jǐ jì	dào。
chēng	zūn	zhǎng,	wù	hū	míng;	duì	zūn	zhǎng,	wù jiàn	néng。
lù	yù	zhǎng,	jí	qū	yī;	zhǎng	wú	yán,	tuì gōng	lì。
qí	xià	mǎ,	chéng	xià	chē;	guò	yóu	dài,	bǎi bù	yú。
zhǎng	zhě	lì,	yòu	wù	lì;	zhǎng	zhě	zuò,	mìng nǎi	zuò。
zūn	zhǎng	qián,	shēng	yào	dī;	dī	bù	wén,	què fēi	yí。
jìn	bì	qū,	tuì	bì	chí;	wèn	qǐ	duì,	shì wù	yí。

表1

q n	yǒu	jī,	yà	xiān	chán	zhòu	yè	sh	bù lí	chuán
sāng	ān	nián,	ch ng	bēi	yè;	j	chù	biàn,	j u ròu	jué。
āng	jìn	lǐ,	ì	jìn	chén	shì	sǐ	zhě,	ú shì	shēn。
xi ng	dào	yǒu,	ì	dào	gōng;	iōng	dì	mù,	iào zài	zh ng。
cái	wù	īng,	yuàn	h	shēng;	yán	ǔ	rěn,	rèn z	mǐn。
huò	ǐn	shí,	huò	uò	zǒu;	zhǎ g	zhè	xiān,	òu zhè	hòu。
z ǎng	hū	rén,	ǐ	dài	jiào;	én	bú	zài,	j jì	dào。
chēn	zūn	zhǎng,	ù	hū	míng;	d ì	zūn	zhǎn	wù jiàn	né g。
lù	yù	zh ng,	jí	qū	yī;	hǎng	wú	yá ,	tuì gōng	l
qí	xi	mǎ,	chéng	x à	chē;	guò	y u	dài,	bǎi b	yú。
hǎng	zhě	l ,	yòu	wù	lì;	z ǎng	zhě	zu	mìng nǎi	z ò。
zūn	z ǎng	qián,	s ēng	yào	dī;	ī	bù	wén,	qu fēi	yí。
jì	bì	qū,	tuì	b	chí;	wèn	qǐ	uì,	shì wù	yí。

表2

第 18 日

第一项　净心训练　　静坐（10 分钟）

训练内容参照第 1 日第一项。

要求　学生端坐，两手放于膝盖；将装米的杯子置于头顶；腰背挺直，全身放松；闭目；均匀呼吸，并逐渐放慢。边数呼吸的次数，边听音乐。这样持续坐 10 分钟。

训练报告表

第一项　净心训练 **静坐**	所用时间：　　分	呼吸次数：　　次	掉杯子数：　　次

第二项　视觉追踪　　扫视折线

准备　从"教材·答案册"书后取出卡片 17。

要求　将卡片 17 平置，眼睛距图 20 厘米或再近，头不动，眼睛由黑圈开始沿黑线方向快速扫视……直到中间的黑点，算一次。再反向沿黑线回到黑圈，算第二次。在扫视的过程中，必须要看清黑线。记住二分钟时间内扫视的次数。

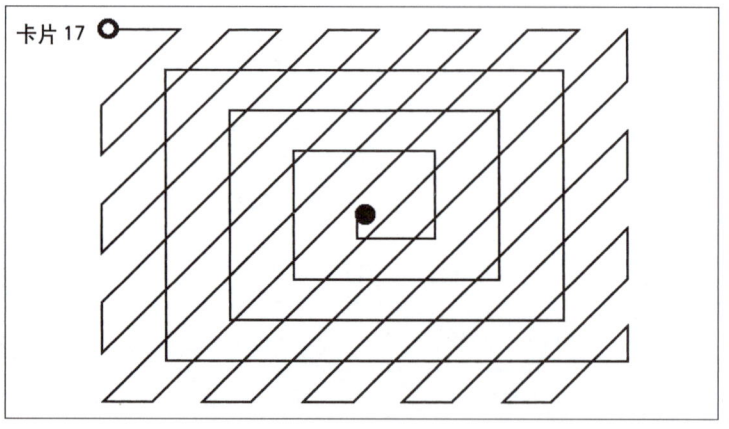

记录　将二分钟时间内扫视的次数，记录在下面的训练报告表中。共扫视 3 次（3 个二分钟），并记录 3 次（允许记录半次）。

目标　以扫视的次数越多越好。

训练报告表

第二项　视觉追踪 **扫视折线**	第一次扫视的次数	第二次扫视的次数	第三次扫视的次数
	次	次	次

第三项　听觉集中　　数出几个指定汉字的数目

训练内容参照第 2 日第三项。

要求　听家长读故事《闵子骞感动后母》，数出指定汉字（"子"，"母"）各有几个，并将答案写在下面的训练报告表中。

训练报告表

第三项　听觉集中 **数出几个指定汉字 的数目**	子：　　　　　　个	母：　　　　　　个

第四项　视觉分辨　　从纷乱的图中找出与标准图相同的图

训练内容参照第 17 日第四项。

要求　数出与左上角标准图相同的图形个数，并将数目及所用时间填写在训练报告表中。

训练

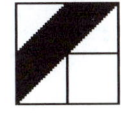

训练报告表

第四项　视觉分辨 从纷乱的图中找出 与标准图相同的图	找到的图形数：　　　　　　个	所用时间：　　　　分　　秒

第五项　听觉分辨　　找出两句话中不同的词组

训练内容参照第 2 日第五项。

要求　听家长读几题中很相近的两句话，每题共读三遍。找出两句话中不同的四对词组。

训练报告表

第五项　听觉分辨 找出两句话中不同 的词组	1 题：
	2 题：
	3 题：

第六项　视觉集中　　读没有逻辑关系的莫名文章

训练内容参照第 9 日第六项。

要求　努力准确、快捷地读莫名文章。其中的标点符号、计算符号都要读出名称；大写字母读英文，小写字母读拼音。

训练

八	波	比	不	宝	百	北	办	本	宾	帮	崩	兵	Q	q	Ē	e	T	t	U
u	Ō	o	怕	坡	皮	扑	跑	拍	陪	盘	盆	品	胖	朋	平	s	S	f	F
h	H	k	K	马	摸	米	木	毛	埋	没	慢	门	民	忙	梦	明	à	ǒ	é
ü	ī	ú	ǔ	法	佛	扶	非	凡	分	方	风	10	38	56	74	92	大	多	得
地	肚	刀	代	但	斗	丢	顿	当	灯	丁	冬	ā	ó	ě	è	í	ǐ	ù	他
驮	特	体	兔	逃	头	太	推	谈	吞	汤	疼	听	同	a	Ā	l	i	u	W

拿	诺	你	闹	牛	乃	南	您	女	农	能	宁	b	B	m	M	d	D	n	N
拉	罗	里	路	老	楼	流	来	雷	兰	林	绿	轮	狼	龙	冷	玲	zh	z	ch
c	sh	s	个	古	高	勾	改	给	归	干	跟	棍	刚	更	工	á	ò	ē	×
ǐ	ù	ū	可	哭	扩	考	口	开	亏	看	肯	困	康	空	坑	ao	ai	an	ang
，	。	、	：	；	哈	火	和	户	好	后	害	黑	回	汗	很	昏	行	红	横
ou	ong	！	？	家	几	就	叫	尖	今	军	江	井	ei	en	eng	其	恰	求	巧
千	亲	群	强	穷	青	L	l	J	j	R	r	G	g	Z	z	Y	y	X	x
C	c	下	西	休	小	先	心	寻	香	凶	星	ǎ	ō	è		ì	ū	ǘ	杂
则	作	子	足	早	走	在	贼	最	咱	尊	脏	总	增	ü	<	V	P	>	p
炸	这	捉	只	住	找	周	摘	追	站	真	准	丈	中	正	Z	R	110	119	120
ai	=	I	Y	擦	册	次	错	草	才	催	蚕	寸	藏	层	从	ai	F	L	M
N	S	X	”	'	（	《	—	…	茶	车	绰	尺	出	吵	仇	柴	吹	产	尘
春	长	虫	成	iu	in	ing	ui	un	洒	色	所	司	诉	扫	搜	赛	岁	伞	森
孙	桑	僧	送	ou	=	O	U	Q	W	y	=	i	=	y i	=	B	C	D	E
G	P	T	V	沙	社	说	是	书	少	手	晒	水	山	身	顺	上	生	ei	=
A	H	J	K	热	日	如	绕	肉	锐	让	容	仍	w	=	u	=	wu	%	¥

训练报告表

第六项　视觉集中 读没有逻辑关系的 莫名文章	读错：	个字	所用时间：	分　秒

第 19 日

第一项　净心训练　　静坐（10 分钟）

训练内容参照第 1 日第一项。

要求　学生端坐，两手放于膝盖；将装米的杯子置于头顶；腰背挺直，全身放松；闭目；均匀呼吸，并逐渐放慢。边数呼吸的次数，边听音乐。这样持续坐 10 分钟。

训练报告表

第一项　净心训练 静坐	所用时间：　　　分	呼吸次数：　　　次	掉杯子数：　　　次

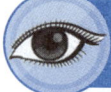

第二项　视觉追踪　　扫视折线

训练内容参照第 18 日第二项。

准备　从"教材·答案册"书后取出卡片 18。

要求　将卡片 18 平置，眼睛距图 20 厘米或再近，头不动，眼睛由黑圈开始沿黑线方向快速扫视……直到中间的黑点，算一次。再反向沿黑线回到黑圈，算第二次。记住二分钟时间内扫视的次数。共扫视 3 次（三个 2 分钟），并记录 3 次（允许记录半次）。

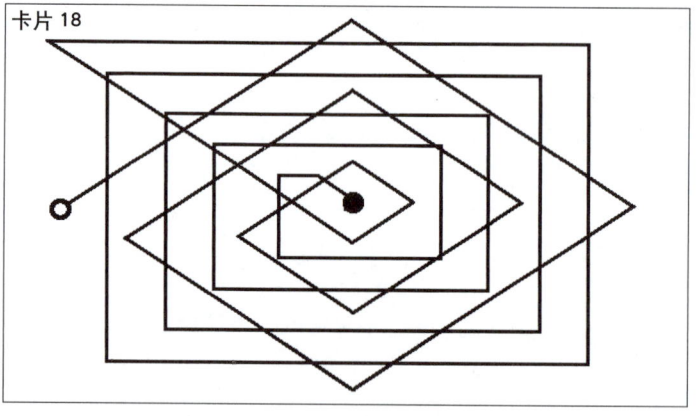

卡片 18

训练报告表

第二项　视觉追踪 扫视折线	第一次扫视的次数	第二次扫视的次数	第三次扫视的次数
	次	次	次

 **第三项　听觉集中**　数出几个指定数字的数目

训练内容参照第 13 日第三项。

要求　家长读数列，学生数出数列所有三位数中指定的位数和具体要数的数字共有几个。并把答案写在训练报告表中。

训练报告表

第三项　听觉集中 **数出几个指定数字的数目**	个位是 2 的数：　个	十位是 0 的数：　个	百位是 9 的数：　个

 **第四项　视觉分辨**　数相同图形的数目

训练内容参照第 4 日第六项。

要求　在下图中数出相同图形的数目。注意：数的时候，要一行一行自上而下，或一列一列从左至右地数，才不会数丢或重复数。并将各种图形的数目写在图下面的空格中。图形总数为 216 个。

训练

⺁	⺄	⊐	⊥	⼁	·	⼁	⼁	⼁	⊥

训练报告表

第四项 视觉分辨 **数相同图形的数目**	全部完成所用时间： 分 秒	细心程度：
	全部完成共进行的次数： 次	意志表现：

第五项 听觉转移　　**按词组的分类画符号**

训练内容参照第 4 日第五项。

要求　听家长按顺序读 40 个词组，当听到词组属于"野生动物"类时，在相应的格子内写"1"，属于"家养动物"类时，在相应的格子内写"2"。属于"花卉"类时，在相应的格子内写"3"。

训练

1	2	3	4	5	6	7	8	9	10
11	12	13	14	15	16	17	18	19	20
21	22	23	24	25	26	27	28	29	30
31	32	33	34	35	36	37	38	39	40

训练报告表

第五项 听觉转移 **按词组的分类画符号**	画错： 个

第六项 视觉转移　　**填写缺失的汉字和符号**

训练内容参照第 3 日第六项。

要求 对照表 1，把表 2 中缺失的汉字和各种符号填上。

训练

拉	罗	里	路	老	楼	流	来	雷	兰	林	绿	轮	狼	龙	冷	玲	zh	z	ch
c	sh	s	个	古	高	勾	改	给	归	干	跟	棍	刚	更	工	á	ò	ē	×
ǐ	ù	ū	可	哭	扩	考	口	开	亏	看	肯	困	康	空	坑	ao	ai	an	ang
,	。	、	:	;	哈	火	和	户	好	后	害	黑	回	汗	很	昏	行	红	横
ou	ong	!	?	家	几	就	叫	尖	今	军	江	井	ei	en	eng	其	恰	求	巧
千	亲	群	强	穷	青	L	l	J	j	R	r	G	g	Z	z	Y	y	X	x
C	c	下	西	休	小	先	心	寻	香	凶	星	ǎ	ō	è	÷	ì	ū	ǘ	杂

表 1

拉		里	路		楼		来		兰	林	绿		狼		冷	玲		z	ch
	sh		个	古		勾		给		干		棍		更	工	á	ò	ē	×
ǐ		ū	可		扩	考	口		亏		肯		康		坑	ao		a	ang
,		、	:	;	哈		和			后		黑		汗	很		行	红	
ou		!		家	几	就		尖	今	军	江		ei	en		其	恰		巧
千	亲		强		青	L	l		j		r	G		Z	z	Y		X	x
		下	西	休		先		寻	香	凶		ǎ	ō	è		ì	ū		杂

表 2

训练报告表

第六项　视觉转移 **填写缺失的汉字和符号**	填错：　　　　个	填完全部所用时间：　　分　　秒

第 20 日

 **第一项　净心训练**　　静坐（10 分钟）

训练内容参照第 1 日第一项。

要求　学生端坐，两手放于膝盖；将装米的杯子置于头顶；腰背挺直，全身放松；闭目；均匀呼吸，并逐渐放慢。边数呼吸的次数，边听音乐。这样持续坐 10 分钟。

训练报告表

第一项　净心训练 **静坐**	所用时间：　　分	呼吸次数：　　次	掉杯子数：　　次

 **第二项　定点注视**　　注视一点不动

训练内容参照第 1 日第二项。

准备　从"教材·答案册"书后取出卡片 1。

要求　将卡片 1 平置于距眼睛 20 厘米处，连续盯视 1 分钟。之后，眼睛看着墙壁上出现的白色圆形，数从看到白色圆形到圆形消失时间的长短。连续做三次。

卡片 1	

训练报告表

第二项　定点注视 **注视一点不动**	第一次影像延续 时间：　　秒	第二次影像延续 时间：　　秒	第三次影像延续 时间：　　秒

 **第三项　听觉集中**　　**数出几个指定汉字的数目**

训练内容参照第 2 日第三项。

要求　听家长读故事《梁启超请写寿言》，数出指定汉字（"大"，"我"）各

有几个，并将答案写在下面的训练报告表中。

训练报告表

第三项　听觉集中 数出几个指定汉字 的数目	大：　　　　　个	我：　　　　　个

第四项　视觉分辨　　按数序在图中找到各数

训练内容参照第 2 日第四项。

要求　按正数序 1~99 和倒数序 99~1，分两次在表中依次找到各数字。将按数序寻找各数字所用的时间写在下面的训练报告表中。并比较两次的练习是否有进步。

训练

11	8	35	81	55	73	20	41	61	87	99
84	24	70	17	65	9	93	78	4	32	47
77	53	49	67	30	25	97	86	91	75	15
19	37	5	23	42	89	79	14	83	94	66
59	45	96	51	2	18	50	34	68	39	28
33	80	64	44	71	90	27	88	12	52	3
26	13	58	92	29	60	76	36	1	48	69
6	63	95	31	85	22	46	54	57	74	16
72	40	98	82	10	56	7	62	38	21	43

训练报告表

第四项　视觉分辨 按数序在图中找到 各数	正数序所用时间：　　　　分	倒数序所用时间：　　　　分

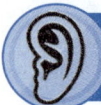

第五项　听觉分辨　　找出三句话中相同的词组

训练内容参照第 5 日第五项。

要求　听家长读几题中三句不同内容的话，学生找出三句话中相同的四个词组。家长先把某题的三个句子读完，再读两遍，共读三遍。

训练报告表

第五项　听觉分辨 找出三句话中相同 的词组	1 题：
	2 题：
	3 题：

第六项　视觉集中　　读倒写的故事

训练内容参照第 6 日第六项。

要求　集中注意力读倒写的故事，争取减少错误并逐渐加快速度。

训练

黄犬虫和明月鸟

。负自傲高常非，员官的良绍马叫个有，间年历万朝明

。兴高上皇让也倒，论评的绝不滔滔他。作诗少不了评品起一上皇和他，诗赏宫进他请上皇，天一有

"！呢蕊花宿能怎犬黄，叫竿上能怎月明。通不诗此"：说地索思假不就时"。蕊花宿犬黄，叫竿上月明"：是句两有中其到看为因，作诗笔亲的上皇是就这道知不并，时诗首一到看良绍马当

"。荫花宿犬黄，照竿上月明"了成变"。蕊花宿犬黄，叫竿上月明"句诗的先原把，字个两了改诗句两将就"刷刷刷"，来笔砂朱起拿良绍马

。笑一微微是只，说没也么什，了看上皇

。了去守太任州漳建福到贬，级三降官已自将已，气大了生上皇。作诗的上皇是来原的改已自，道知才后里府到回良绍马待

。任赴去建福到京离眷家儿妻着带携好只，法办有没也但，霉倒很，气晦很已自得觉良绍马

。虫小的乎乎胖、绒绒黄条一有中蕊花的花朵一中其，丛花片大一见看，时息休脚停在正，下岭山座一部南建福到走他，天这

"？子虫么什是这"：夫轿问就他

"。钻里蕊花往惯习，虫犬黄叫这，人大"：他诉告夫轿

。鸟月明做叫以所，叫始开才时天中上月在是只鸟此，鸟月明是道知才这。问询里那主店到便，怪奇很他，的叫时黑天在不是儿鸟的般一而，声叫鸣的耳悦儿鸟来传断不上天从然突，时这。店客处一的中山了进住良绍马，晚傍了到

"！啊事其有确是'鸟月明'和'虫犬黄'的中诗的写上皇来原"：悟大然恍才方，了听良绍马

。程前的官做已自了误耽致以，大自妄狂的时轻年已自恨悔别特他，乡归官复才方，时稀古逾年良绍马

训练报告表

第六项　视觉集中 **读倒写的故事**	读错次数：　　　　次	所用时间：　　分　　秒

第 21 日

第一项　净心训练　　静坐（10 分钟）

训练内容参照第 1 日第一项。

要求　学生端坐，两手放于膝盖；将装米的杯子置于头顶；腰背挺直，全身放松；闭目；均匀呼吸，并逐渐放慢。边数呼吸的次数，边听音乐。这样持续坐 10 分钟。

训练报告表

第一项　净心训练 **静坐**	所用时间：　　分	呼吸次数：　　次	掉杯子数：　　次

第二项　视觉追踪　　扫视曲线

目的　通过此项练习，随着眼睛跟着曲线上下左右的快速转动。进一步训练了眼周的睫状肌，促进了眼周的循环。并能够从纷乱缠绕的曲线中找到此线的运动方向，从而增强了视觉的分辨能力。

准备　从"教材·答案册"书后取出卡片 19。

要求　头不转动，眼睛平视卡片 19，距离图20 厘米或再近一些。扫视时，眼睛从黑圈沿着箭头扫视到右面的黑点，然后再按原路折回到黑圈为一次。注意：扫视的过程中，头不能转动，眼睛一定要看清楚黑线。

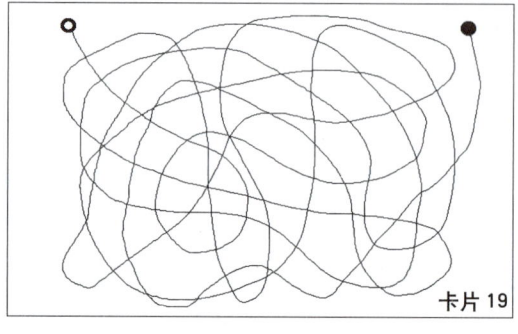

卡片 19

记录　把在二分钟时间里扫视折线的次数写到下面的训练报告表中。共扫视3次（3个二分钟），共记录3次。

目标　在规定时间内，以扫视的次数多为好。

训练报告表

第二项　视觉追踪 **扫视曲线**	第一次扫视的次数	第二次扫视的次数	第三次扫视的次数
	次	次	次

 **第三项　听觉集中**　　**数出几个指定数字的数目**

目的　通过此项练习，除了训练听清楚数字，更要求数清楚此数列每一组任意数中指定位数和具体要数的数字总共有几个。进一步提高了训练的难度。

要求　家长读数列，学生数出数列每一组任意数中指定的位数和具体要数的数字共有几个。并把答案写在训练报告表中。

训练报告表

第三项　听觉集中 **数出几个指定数字 的数目**	个位是 1 的数：　个	个位是 5 的数：　个	个位是 8 的数：　个

 **第四项　视觉集中**　　**读数字**

训练内容参照第 2 日第四项。

要求　要准确、清晰并尽快地读 400 个数字。

训练

50244	59455	34690	83026	42522
30825	33446	85035	26193	11881
71010	00313	78387	52886	58753
32083	81420	61717	76691	47303
59825	34904	28755	46873	11595
62863	88235	37875	93751	95778
18577	80532	17122	68066	13001
92787	66111	95909	21642	01989

33842	19089	26754	17250	10834
67009	26534	81551	48903	27405
20305	78520	18574	90827	40451
26874	52147	39081	46259	10083
20857	39518	20784	58204	58012
38405	20986	43017	90362	47091
88041	38920	38070	22846	50801
36757	19003	20069	10352	68045

训练报告

第四项　视觉集中 **读数字**	读错的数字：　　　　个	所用时间：　　分　　秒

第五项　听觉集中　　记录数列中按奇数数序排列缺失的数字

训练内容参照第 7 日第五项。

要求　听家长读一个数列，学生找出数列中按奇数数序排列缺失的数字。

训练报告表

第五项　听觉集中 记录数列中按奇数数 序排列缺失的数字	1 题：	2 题：
	3 题：	4 题：

第六项　视觉分辨　　数出有多少个指定的数字

训练内容参照第 8 日第六项

要求 在数字表中数出有多少个"65"和"24"，并将答案写在下面的训练报告表中。

训练

```
30242365565344532453828956433024565345 2030
45624373392502636565639466777943524064 4321
55302466653254339664668532142654203994 6395
25465043142432830229063565349265365323 9554
37065498605852409426536604794633254392 4352
93045639258763267039442483239700659458 6766
74056458565426546877225226593302697932 5881
19943924621660225229336529729315838962 0533
40676583957628740320654435653903441428 9756
48343306324329650462671258578022962569 9870
46339242650824725652091746201384657890 3243
97531246806576420406507080912543765097 5310
```

训练报告表

第六项 视觉分辨 **数出有多少个指定的 数字**	数出的数字：65： 个；24： 个

第 22 日

 **第一项　净心训练**　　**静坐（10 分钟）**

训练内容参照第 1 日第一项。

要求　学生端坐，两手放于膝盖；将装米的杯子置于头顶；腰背挺直，全身放松；闭目；均匀呼吸，并逐渐放慢。边数呼吸的次数，边听音乐。这样持续坐 10 分钟。

训练报告表

第一项　净心训练 **静坐**	所用时间：　　　分	呼吸次数：　　　次	掉杯子数：　　　次

 **第二项　视觉追踪**　　**扫视曲线**

训练内容参照第 21 日第二项。

准备　从"教材·答案册"书后取出卡片 20。

要求　平视卡片 20，在三分钟时间内，仅扫视黑圈 1 到黑点为一次，再由黑点返回黑圈 1 为第二次。要求扫视中看清黑线。共扫视 3 个三分钟，允许记半圈。

记录　将扫视的次数写在训练报告表中。

卡片 20

训练报告表

第二项　视觉追踪 **扫视曲线**	第一次追踪的次数	第二次追踪的次数	第三次追踪的次数
	次	次	次

 第三项　听觉集中　　**数出几个指定汉字的数目**

训练内容参照第 2 日第三项。

要求 听家长读故事《张良敬老得奇书》，数出指定汉字（"一"，"老"）各有几个，并将答案写在下面的训练报告表中。

训练报告表

第三项　听觉集中 **数出几个指定汉字 的数目**	一：　　　　个	老：　　　　个

 **第四项　视觉分辨**　　**数相同图形的数目**

训练内容参照第 4 日第六项。

要求 在下图中数出相同图形的数目。注意：数的时候，要一行一行自上而下，或一列一列从左至右地数，才不会数丢或重复数。并将各种图形的数目写在图下面的空格中。图形总数为 216 个。

训练

月	E	目	3	日	田

训练报告表

第四项　视觉分辨 **数相同图形的数目**	全部完成所用时间：　　分　秒	细心程度：
	全部完成共进行的次数：　　次	意志表现：

 第五项　听觉分辨　　找出两句话中不同的词组

训练内容参照第 2 日第五项。

要求　听家长读几题中很相近的两句话，每题读三遍。找出两句话中不同的五对词组。

训练报告表

第五项　听觉分辨 **找出两句话中不同的 词组**	1 题：
	2 题：
	3 题：

 **第六项　视觉转移**　　填写缺失的数字

训练内容参照第 3 日第四项。

要求　对照表 1，将表 2 中缺失的数字填上。

训练

训练报告表

第六项　视觉转移 **填写缺失的数字**	填错：　　　　个	填完全部所用时间：　　分　秒

502445945534690830264 2522

308253344685035261931 1881

710100031378387528865 8753

320838142061717766914 7303

598253490428755468731 1595

628638823537875937519 5778

185778053217122680661 3001

927876611195909216420 1989

表1

50 4 594 5 46 0 302 4 52

3 825 3 46 5 352 1 31 881

10 0 031 7 38 5 886 8 53

320 3 14 0 171 7 69 4 303

59 2 34 042 7 5 68 3 15 5

6 863 82 5 787 9 75 9 77

85 78 53 17 22 8 66 3 01

9 78 66 11 59 92 6 20 989

表2

第 23 日

 **第一项　净心训练**　　静坐（10 分钟）

　　训练内容参照第 1 日第一项。

　　要求　学生端坐，两手放于膝盖；将装米的杯子置于头顶；腰背挺直，全身放松；闭目；均匀呼吸，并逐渐放慢。边数呼吸的次数，边听音乐。这样持续坐 10 分钟。

训练报告表

第一项　净心训练 静坐	所用时间：　　　分	呼吸次数：　　　次	掉杯子数：　　　次

 **第二项　视觉追踪**　　扫视曲线

　　训练内容参照第 21 日第二项。

　　准备　从"教材·答案册"书后取出卡片 20。

　　要求　平视卡片 20，在三分钟时间内，仅扫视黑圈 2 到黑点为一次，再由黑点返回黑圈 2 为第二次。要求扫视中看清黑线。共扫视 3 个三分钟，允许记半圈。

　　记录　将扫视的次数记在训练报告表中。

卡片 20

训练报告表

第二项　视觉追踪 扫视曲线	第一次扫视的次数	第二次扫视的次数	第三次扫视的次数
	次	次	次

第三项　听觉集中　　数出几个指定数字的数目

训练内容参照第 21 日第三项。

要求　家长读数列，学生数出数列每一组任意数中指定的位数和具体要数的数字共有几个。并把答案写在训练报告表中。

训练报告表

第三项　听觉集中 **数出几个指定数字的数目**	十位是 4 的数：　个	十位是 8 的数：　个	十位是 6 的数：　个

第四项　视觉分辨　　从纷乱的图中找出与标准图相同的图

训练内容参照第 17 日第四项。

要求　数出与左上角标准图相同的图形个数，并将数目及所用时间填写在训练报告表中。

训练

训练报告表

第四项　视觉分辨 **从纷乱的图中找出 与标准图相同的图**	找到的图形数：　　　　个	所用时间：　　分　　秒

 第五项　听觉分辨　　边听故事边在词组中寻找听到的词组

训练内容参照第 3 日第五项。

要求　看着训练报告表中的多个词组，听着家长读故事，当看到与听到故事中相同的词组时，即刻把它划出来。

训练报告表

第五项　听觉分辨 **边听故事边在词组 中寻找听到的词组**	骆驼	骑马	款待	酬劳	味道
	金子	旅游	认为	高兴	感谢
	划对的词组：　　　　个				

 **第六项　视觉集中**　　读文章《弟子规》

训练内容参照第 4 日第四项。

要求　要准确、清晰而尽快地读文章《弟子规》。

训练

		jiǎo			rǎo			jiē	

人不闲　勿事搅　人不安　勿话扰　人有短　切莫揭　人有私　切莫说

　　　　　　　　　yù miǎn　　　è

道人善　即是善　人知之　愈思勉　扬人恶　即是恶　疾之甚　祸且作

善相劝　德皆建　过不规　道两亏　凡取与　贵分晓　与宜多　取宜少

　　　　　　　　　　　　　　　　　　yuàn

将加人　先问己　己不欲　即速已　恩欲报　怨欲忘　抱怨短　报恩长

bì
待婢仆　身贵端　虽贵端　慈而宽　势服人　心不然　理服人　方无言
　　　　　　　　　　　　　　　　　　　　　　　　　　　hùi
同是人　类不齐　流俗众　仁者稀　果仁者　人多畏　言不讳　色不媚

能亲仁　无限好　德日进　过日少　不亲仁　无限害　小人进　百事坏
　　　　　zhǎng　　　　　　　　　　　　　　　　　　　　　mèi
不力行　但学文　长浮华　成何人　但力行　不学文　任己见　昧理真

训练报告

第六项　视觉集中 读文章《弟子规》	读错的数字：　　　个	所用时间：　分　秒

第 24 日

第一项　净心训练　　静坐　（10 分钟）

训练内容参照第 1 日第一项。

要求　学生端坐，两手放于膝盖；将装米的杯子置于头顶；腰背挺直，全身放松；闭目；均匀呼吸，并逐渐放慢。边数呼吸的次数，边听音乐。这样持续坐 10 分钟。

训练报告表

第一项　净心训练 静坐	所用时间：　　分	呼吸次数：　　次	掉杯子数：　　次

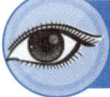

第二项　视觉追踪　　扫视曲线

训练内容参照第 21 日第二项。

准备　从"教材·答案册"书后取出卡片 21。

要求　在三分钟时间内，仅扫视黑圈 1 到黑点为一次，再由黑点返回黑圈 1 为第二次。要求扫视中看清黑线。共扫视 3 个三分钟，允许记半圈。

记录　将扫视的次数记在训练报告表中。

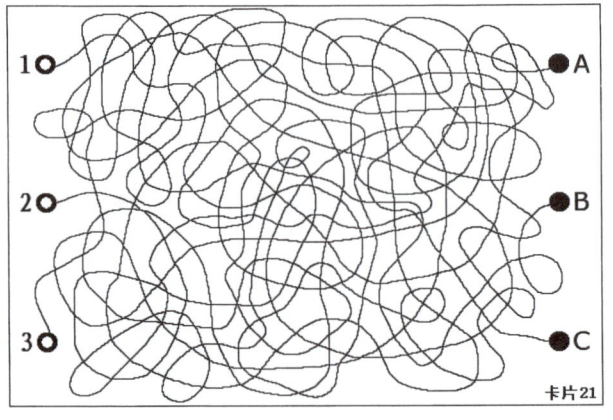

训练报告表

第二项　视觉追踪 扫视曲线	第一次扫视的次数	第二次扫视的次数	第三次扫视的次数
	次	次	次

第三项　听觉集中　　数出几个指定汉字的数目

训练内容参照第 2 日第三项。

要求 听家长读故事《周处勇于改过》，数出指定汉字（"处"，"他"）各有几个，并将答案写在下面的训练报告表中。

训练报告表

第三项　听觉集中		
数出几个指定汉字的数目	处：　　　　个	他：　　　　个

 **第四项　视觉分辨**　　**按数序在图中找到各数**

训练内容请参照第 2 日第四项。

要求 按正数序 1~100 和倒数序 100~1，分两次在表中依次找到各数字。将按数序寻找各数字所用的时间写在下面的训练报告表中。并比较两次的练习是否有进步。

训练

（数字盘图）

训练报告表

第四项　视觉分辨 **按数序在图中找到各数**	正数序所用时间：　　　　分	倒数序所用时间：　　　　分

第五项　听觉记忆　　　写出混合式列中的词组

训练内容请参照第 9 日第五项。

　　要求　家长读一段词和数字混合的式列，学生记住式列中按读的顺序排列的词组，并把它们按读的顺序写在下面的训练报告表中。

训练报告表

第五项　听觉记忆 **写出混合式列中的 词组**	1 题：
	2 题：
	3 题：
	4 题：

第六项　视觉转移　　　填写缺失的汉字与汉语拼音

训练内容参照第 3 日第六项。

　　要求　对照表 1，把表 2 中缺失的汉字、拼音字母、声调号和标点符号填上。

　　训练

训练报告表

第六项　视觉转移 **填写缺失的汉字与 汉语拼音**	填错：　　　　个	填完全部所用时间：　　分　　秒

百发 fā 失一，不足谓善射；千里跬步不至，不足谓善御 yù；伦 lún 类不通，仁义不一，不足谓善学，学也者，固 gù 学一之也。一出焉，一入焉，涂 tú 巷 xiàng 之人也，其善者少，不善者多，桀 jié、纣 zhòu、盗 dào 跖 zhí 也。全之尽之，然后学者也。

君子之夫不全不粹 cuì 之不足以为美也，故诵数以贯 guàn 之，思索 suǒ 以通之，为其人以处 chù 之，除其害者以持 chí 养 yǎng 之。使目非是无欲 yù 见也，使耳非是无欲闻也，使口非是无欲言也，使心非是无欲虑 lǜ 也。及至其致好 hào 之也，目好之五色，耳好之五声，口好之五味，心利之有天下。是故权 quán 利不能倾 qīng 也，群 qún 众 zhòng

表 1

百发 fā 失一，不　　　善射；千里跬步不至，不　　善　　；伦 lún 类不通，仁义不一，不　　善学，学也者，固 gù 学　之也。一　焉，一　焉，　　　之人也，其善者少，不善者多，　jié、　zhòu、　dào　zhí 也。全之尽之，然后学者也。

君子之夫不全不粹 cuì 之不足以为美也，故　　以贯 guàn 之，　　以通之，为　人以处 chù 之，除其害者以持　养　　之。使目非是　yù　也，使耳非是　　也，使口非是　　也，使心非是无　lǜ 也。及至其致好 hào 之也，目好之　　，耳好之　　，口好之　　，心利之有天下。是故权 quán 利　　qīng 也，群 qún 众 zhòng

表 2

第 25 日

第一项　净心训练　　静坐（10 分钟）

训练内容参照第 1 日第一项。

要求　学生端坐，两手放于膝盖；将装米的杯子置于头顶；腰背挺直，全身放松；闭目；均匀呼吸，并逐渐放慢。边数呼吸的次数，边听音乐。这样持续坐 10 分钟。

训练报告表

第一项　净心训练 **静坐**	所用时间：　　　分	呼吸次数：　　　次	掉杯子数：　　　次

第二项　视觉追踪　　扫视曲线

训练内容参照第 21 日第二项。

准备　从"教材·答案册"书后取出卡片 21。

要求　在三分钟时间内，仅扫视黑圈 2 到黑点为一次，再由黑点返回黑圈 2 为第二次。要求扫视中看清黑线。共扫视 3 个三分钟，允许记半圈。

记录　将扫视的次数记在训练报告表中。

训练报告表

第二项　视觉追踪 **扫视曲线**	第一次扫视的次数	第二次扫视的次数	第三次扫视的次数
	次	次	次

第三项　听觉集中　　数出几个指定数字的数目

训练内容参照第 21 日第三项。

要求 家长读数列，学生数出数列每一组任意数中指定的位数和具体要数的数字共有几个。并把答案写在训练报告表中。

训练报告表

第三项 听觉集中 **数出几个指定数字的数目**	百位是 5 的数： 个	百位是 3 的数： 个	百位是 7 的数： 个

 **第四项 视觉分辨** 数相同图形的数目

训练内容参照第 4 日第四项。

要求 在下图中数出相同图形的数目。注意：数的时候，要一行一行自上而下，或一列一列从 左至右地数，才不会数丢或重复数。并将各种图形的数目写在图下面的空格中。图形总数为 216 个。

训练

米	来	夹	来	未	采	求	未	来	夹	采	未	求	来	米	采	求	夹
求	夹	采	米	未	来	来	未	采	采	求	米	来	夹	求	夹	未	采
来	求	夹	求	求	未	求	米	求	夹	未	未	求	米	未	来	未	未
求	夹	米	采	米	来	采	夹	来	米	未	夹	求	未	夹	采	未	米
采	来	采	米	采	夹	求	采	来	求	来	米	未	夹	采	未	采	
米	求	未	夹	未	夹	来	米	夹	夹	求	未	来	采	求	米	采	
求	夹	米	采	米	来	未	采	求	米	米	未	求	夹	未	采	求	
来	求	求	未	来	采	来	求	米	未	求	夹	米	来	求	未	采	
求	米	未	来	求	求	米	未	未	夹	采	来	未	米	未	求		
来	未	求	夹	米	求	未	来	采	米	采	夹	求	来	夹	夹	未	
采	夹	米	求	未	米	求	夹	未	采	米	夹	来	未	未	采	未	
采	米	求	采	夹	求	米	采	米	采	夹	夹	求	采	米	未	求	

米	来	夹	采	未	求

训练报告表

第四项　视觉分辨 **数相同图形的数目**	全部完成所用时间：　　分　　秒	细心程度：
	全部完成共进行的次数：　　次	意志表现：

第五项　听觉分辨　　　找出三句话中相同的词组

训练内容参照第 5 日第五项。

要求　听家长读几题中三句不同内容的话，学生找出三句话中相同的五个词组。家长先把某题的三个句子读完，再读两遍，共读三遍。

训练报告表

第五项　听觉分辨 **找出三句话中相同 的词组**	1 题：
	2 题：
	3 题：

第六项　视觉集中　　　拼读汉语拼音并写出相应的汉字

训练内容参照第 7 日第六项。

要求　拼读汉语拼音，并在下边空行中，写出相应的汉字。

训练

rào   răn   róng   rēng   răng   ruò   shuō   shēn   shòu   shǎng

_____

chōng   chèng   chuò   zhāng   zhǒng   zhuō   sàng   suǒ   suì

_____

cuī   céng   cāng   zuó   zāng   zòng   xú   xiǎo   xiàn   qiáng

_____

qí   qiǎo   jú   jiāo   jìng   hěn   háng   huì   kàng   kǒng   kuī

_____

guó   gǒng   gèng   luò   lóng   liáng   niǎo   nòng   niáng

_____

训练报告表

第六项　视觉集中 拼读汉语拼音并写 出相应的汉字	错：　　　　个

第 26 日

第一项　净心训练　静坐（10 分钟）

训练内容参照第 1 日第一项。

要求　学生端坐，两手放于膝盖；将装米的杯子置于头顶；腰背挺直，全身放松；闭目；均匀呼吸，并逐渐放慢。边数呼吸的次数，边听音乐。这样持续坐 10 分钟。

训练报告表

第一项　净心训练 **静坐**	所用时间：　　分	呼吸次数：　　次	掉杯子数：　　次

第二项　视觉追踪　扫视曲线

训练内容参照第 21 日第二项。

准备　从"教材·答案册"书后取出卡片 21。

要求　在三分钟时间内，仅扫视黑圈 3 到黑点为一次，再由黑点返回黑圈 3 为第二次。要求扫视中看清黑线。共扫视 3 个三分钟，允许记半圈。

记录　将扫视的次数记在训练报告表中。

卡片21

训练报告表

第二项　视觉追踪 **扫视曲线**	第一次扫视的次数	第二次扫视的次数	第三次扫视的次数
	次	次	次

第三项　听觉集中　　数出几个指定汉字的数目

训练内容参照第 2 日第三项。

要求　听家长读故事《包拯、义士守盟约》，数出指定汉字（"包"，"杀"）各有几个，并将答案写在下面的训练报告表中。

训练报告表

第三项　听觉集中 **数出几个指定汉字 的数目**	包：　　　　　个	杀：　　　　　个

第四项　视觉分辨　　从纷乱的图中找出与标准图相同的图

训练内容参照第 17 日第四项。

要求　数出与左上角标准图相同的图形个数，并将数目及所用时间填写在训练报告表中。

训练

训练报告表

第四项 视觉分辨 **从纷乱的图中找出 与标准图相同的图**	找到的图形数：　　　　个	所用时间：　　　分　　秒

 第五项　听觉转移　　**听写混合答案**

训练内容参照第 6 日第五项。

要求　听家长一次性读完一个题目中的三个小问题后，学生再将 3 个答案一次性写在下面的训练报告表中。

训练报告表

第五项　听觉转移 **听写混合答案**	1 题：
	2 题：
	3 题：

 **第六项　视觉转移**　　**填写缺失的汉语拼音**

训练内容参照第 3 日第六项。

要求　对照表 1，把表 2 中缺失的拼音字母、声调号和标点符号填上。

训练

训练报告表

第六项　视觉转移 **填写缺失的汉语拼音**	填错：　　　　个	填完全部所用时间：　　　分　　秒

shì zhū fù, rú shì fù; shì zhū xīong, rú shì xīong。

zhāo qǐ zǎo, yè mián chí; lǎo yì zhì, xī cǐ shí。

chén bì guàn, jiān shù kǒu; biàn niào huí, zhé jìng shǒu。

guān bì zhèng, nǐu bì jié; wà yǔ lǚ, jù jǐn qiè。

zhì guān fú, yǒu dìng wèi; wù luàn dùn, zhì wū huì。

yī guì jié, bú guì huá; shàng xún fēn, xià chèng jiā。

duì yǐn shí, wù jiǎn zé; shí shì kě, wù guò zé。

nián fāng shào, wù yǐn jǐu; yǐn jǐu zuì, zuì wéi chǒu。

bù cóng róng, lì duān zhèng; yī yuán shēn, bài gōng jìng。

wù jiàn yù, wù bǒ yǐ; wù jī jù, wù yáo bì。

huǎn jiē lián, wù yǒu shēng; kuān zhuǎn wān, wù chù léng。

zhí xū qì, rú zhí yíng; rù xū shì, rú yǒu rén。

shì wù máng, máng duō cuò; wù wèi nán, wù qīng luè。

表 1

s ì zhū fù, ú shì fù; hì zhū x ong, rú s ì xīong。

zhā qǐ zǎo, y mián ch lǎo yì z ì, xī cǐ s í。

hén bì g àn, jiān hù kǒu; b àn niào uí, zhé j ng shǒu。

gu n bì zhè g, nǐu bì ié; wà yǔ ǔ, jù jǐn iè。

zhì gu n fú, yǒu ìng wèi; ù luàn d n, zhì wū uì。

yī g ì jié, bú uì huá; s àng xún ēn, xià c èng jiā。

uì yǐn s í, wù jiǎ zé; shí s ì kě, wù g ò zé。

ni n fāng s ào, wù yǐ jǐu; yǐn ǐu zuì, z ì wéi ch u。

bù c ng róng, ì duān z èng; yī y án shēn, ài gōng ìng。

wù j àn yù, wù ǒ yǐ; wù j jù, wù yá bì。

h ǎn jiē lán, wù yǒ shēng; k ān zhuǎ wān, wù c ù léng。

hí xū qì, ú zhí yí g; rù xū s ì, rú yǒu r n。

s ì wù mán, máng du cuò; wù w i nán, wù īng luè。

表 2

第 27 日

第一项　净心训练　　静坐（10 分钟）

训练内容参照第 1 日第一项。

要求　学生端坐，两手放于膝盖；将装米的杯子置于头顶；腰背挺直，全身放松；闭目；均匀呼吸，并逐渐放慢。边数呼吸的次数，边听音乐。这样持续坐 10 分钟。

训练报告表

第一项　净心训练 静坐	所用时间：　　　分	呼吸次数：　　　次	掉杯子数：　　　次

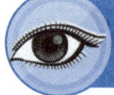

第二项　视觉追踪　　扫视曲线

训练内容参照第 21 日第二项。

准备　从"教材·答案册"书后取出卡片 22。

要求　在三分钟时间内，仅扫视黑圈 1 到黑点为一次，再由黑点返回黑圈 1 为第二次。要求扫视中看清黑线。共扫视 3 个三分钟，允许记半圈。

记录　将扫视的次数记在训练报告表中。

卡片 22

训练报告表

第二项　视觉追踪 扫视曲线	第一次扫视的次数	第二次扫视的次数	第三次扫视的次数
	次	次	次

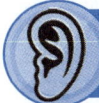

第三项　听觉集中　　数出几个指定数字的数目

训练内容参照第 21 日第三项。

要求　家长读数列，学生数出数列每一组任意数中指定的位数和具体要数的数字共有几个。并把答案写在训练报告表中。

训练报告表

第三项　听觉集中 **数出几个指定数字的数目**	个位是 9 的数：　个	十位是 6 的数：　　个	百位是 2 的数：　个

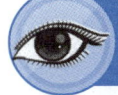

第四项　视觉分辨　　找出成语

目的　通过从众多的汉字中寻找出组成 12 个成语的字，不仅训练了视觉分辨的能力，同时扩大了对成语的了解、使用和记忆的能力。

要求　下图的 188 个汉字中组成了常见成语 47 条，请从其中找出 12 条成语。

记录　将找出的 12 条成语写在下面的训练报告表中。

目标　以找出的成语正确为好。

训练

	短	荣	盗	补	生	月	弹	不	蛇	杵	大		羞	点	牢	无	卧
繁		鱼	好	龙	骨	洋	囵	居	人	绣		小	巧	眉	目	铃	志
直	及		待	千	车	竽	公	武	高		叶	兴	昌	琴	河	绿	莫
中	井	锦		自	耳	捞	底	假		夜	洗	月	兔	虎	起	月	落
疾	秀	铁	清		忘	扬	致		红		百	满	山	高	八	追	手
画	五	自	上	狐		胆		镬	日	分		食	吞	活	上	添	目
羊	香	大	牛	柳	威		能	废	亡		精		充	之	悬	望	成
发	刺	才	弱	滥	中	蒸		花		枣	生	雁		示	学	公	不
画	甘	寝	傲	奋	囵	花	悍		数	语	守	足	叹		鸟	虎	晴
快	盲	尘	沉	转	道	心		富	水	威	大	花	骄	盛		摸	百
尝	龙	耳	来	株	望		对	后	蒸	掩	圆	象	山	专	熟		眼
龙	花	闭	恭	水		郎	私	针	蛙	好	斗	梁	万	薪	晴	听	

训练报告表

第四项　视觉分辨 **找出成语**	1.	5.	9.
	2.	6.	10.
	3.	7.	11.
	4.	8.	12.

 **第五项　听觉分辨**　　**找出两句话中不同的词组**

训练内容参照第 2 日第五项。

要求　听家长读几题中很相近的两句话，每题共读三遍。找出两句话中不同的五对词组。

训练报告表

第五项　听觉分辨 **找出两句话中不同的词组**	1题：
	2题：
	3题：

第六项　视觉集中　　读倒写的成语接龙

训练内容参照第 13 日第六项。

要求　集中注意力读倒写的成语接龙，争取减少错误并逐渐加快速度。

训练

终有始有——有乌为化——化不而食——食择不饥——饥充饼画——

画书棋琴——琴弹牛对——对户当门——门之便方——方有子教——

教施材因——因有出事——事论事就——就名成功——功成到马——

马宝车香——香古色古——古千芳流——流如月岁——岁百命长——

长心重语——语两言三——三连二接——接相兵短——短道长说——

说途听道——道之庸中——中慧外秀——秀水清山——山千水万——

万上千成——成渠到水——水玩山游——游重地故——故世情人——

人老下月——月累年经——经不诞荒——荒天老地——地酒天花——

花银树火——火火风风——风清袖两——两八斤半——半功倍事——

事无然安——安民泰国——国报忠精

训练报告表

第六项　视觉集中 **读倒写的成语接龙**	读错：　　个字	所用时间：　分　秒

第 28 日

第一项　净心训练　　静坐（10分钟）

训练内容参照第 1 日第一项。

要求　学生端坐，两手放于膝盖；将装米的杯子置于头顶；腰背挺直，全身放松；闭目；均匀呼吸，并逐渐放慢。边数呼吸的次数，边听音乐。这样持续坐 10 分钟。

训练报告表

第一项　净心训练 静坐	所用时间：　　分	呼吸次数：　　次	掉杯子数：　　次

第二项　视觉追踪　　扫视曲线

训练内容参照第 21 日第二项。

准备　从"教材·答案册"书后取出卡片 22。

要求　在三分钟时间内，仅扫视黑圈 2 到黑点为一次，再由黑点返回黑圈 2 为第二次。要求扫视中看清黑线。共扫视 3 个三分钟，允许记半圈。

记录　将扫视的次数记在训练报告表中。

卡片22

训练报告表

第二项　视觉追踪 扫视曲线	第一次扫视的次数	第二次扫视的次数	第三次扫视的次数
	次	次	次

第三项　听觉集中　　数出几个指定汉字的数目

训练内容参照第 2 日第三项。

要求 听家长读故事《能忍辱的王述》，数出指定汉字（"一"，"的"）各有几个，并将答案写在下面的训练报告表中。

训练报告表

第三项　听觉集中 **数出几个指定汉字 的数目**	一：　　　　个	的：　　　　个

 **第四项　视觉分辨** **找出不同部首的词组**

训练内容参照第 14 日第四项。

要求 在下表的汉字中，划出"月"部、"女"部、"木"部的词组，并将不同部首词组的数目写在下面的训练报告表中。

训练

姑	娘	纤	维	花	草	栅	栏	胸	腔	疾	病	玛	瑙	奴	婢	莴	苣	膀	胱
继	续	芙	蓉	妊	娠	缝	纫	芍	药	梧	桐	胼	胝	痢	疾	玫	瑰	娉	婷
经	络	菖	蒲	肝	胆	蔷	薇	姨	妈	经	纬	芬	芳	核	桃	腿	脚	痢	疾
珍	珠	婚	嫁	纽	绊	萌	芽	脂	肪	芭	蕉	姐	妹	缤	纷	芹	菜	棺	材
胸	脯	疟	疾	玳	瑁	媒	婆	纨	绔	蘑	菇	肿	胀	花	蕊	婶	娘	纺	纱
芦	苇	模	样	膨	胀	疙	瘩	珊	瑚	婆	媳	葡	萄	肺	脏	缆	绳	蕨	藜
妩	媚	伴	侣	茉	莉	枇	杷	胳	膊	瘰	疬	琉	璃	娼	妇	菩	萨	榜	样
组	织	肚	脐	妯	娌	绸	缎	伺	候	苜	蓿	柠	檬	脾	胃	疥	疮	琥	珀
嫦	娥	葫	芦	槟	榔	朦	胧	妖	娆	丝	线	假	使	芦	荟	栏	杆	肩	膀
痔	疮	珐	琅	婵	娟	菜	菔	樱	桃	脊	背	婀	娜	癫	痫	结	缘	伶	俐
茗	茶	杨	树	肥	胖	疤	痕	玻	璃	葵	花	橄	榄	肩	胛	姑	嫂	瘫	痪
缰	绳	仿	佛	荸	荠	森	林	胚	胎	保	佑	疼	痛	莲	蓬	蒜	苗	机	构

训练报告表

第四项　视觉分辨 找出不同部首的词组	月部： 个	女部： 个	木部： 个

第五项　听觉转移　　按词组的分类画符号

训练内容参照第 4 日第五项。

要求　听家长按顺序读 40 个词组，当听到词组属于"家用电器"类时，在相应的格子内写"1"，属于"交通工具"类时，在相应的格子内写"2"。属于"家具"类时，在相应的格子内写"3"。属于"文具"类时，在相应的格子内写"4"。

训练

1	2	3	4	5	6	7	8	9	10
11	12	13	14	15	16	17	18	19	20
21	22	23	24	25	26	27	28	29	30
31	32	33	34	35	36	37	38	39	40

训练报告表

第五项　听觉转移 按词组的分类画符号	画错： 个

第六项　视觉集中　　读没有逻辑关系的莫名文章

训练内容参照第 9 日第六项。

要求　努力准确、快捷地读莫名文章。其中的标点符号、计算符号都要读出名称。大写字母英文，小写字母读拼音。

训练

波	比	不	宝	百	北	办	本	宾	帮	崩	兵	Q	q	E	e	T	t	U
u	O	o	怕	坡	皮	扑	跑	拍	陪	盘	盆	品	胖	朋	平	s	S	f	F
h	H	k	K	马	摸	米	木	毛	埋	没	慢	门	民	忙	梦	明	à	ǒ	é
+	ī	ú	ǔ	法	佛	扶	非	凡	分	方	风	10	38	56	74	92	大	多	得
地	肚	刀	代	但	斗	丢	顿	当	灯	丁	冬	ā	ó	ě	-	í	ǔ	ù	他
驮	特	体	兔	逃	头	太	推	谈	吞	汤	疼	听	同	α	A	I	i	u	W
拿	诺	你	闹	牛	乃	南	您	女	农	能	宁	b	B	m	M	d	D	n	N
拉	罗	里	路	老	楼	流	来	雷	兰	林	绿	轮	狼	龙	冷	玲	zh	z	ch
c	sh	s	个	古	高	勾	改	给	归	干	跟	棍	刚	更	工	á	ò	ē	×
ǐ	ù	ǖ	可	哭	扩	考	口	开	亏	看	肯	困	康	空	坑	ao	ai	an	ang
，	。	、	:	;	哈	火	和	户	好	后	害	黑	回	汗	很	昏	行	红	横
ou	ong	!	?	家	几	就	叫	尖	今	军	江	井	ei	en	eng	其	恰	求	巧
干	亲	群	强	穷	青	L	l	J	j	R	r	G	g	Z	z	Y	y	X	x
C	c	下	西	休	小	先	心	寻	香	凶	星	ǎ	ō	è	÷	ì	ū	ǘ	杂
则	作	子	足	早	走	在	贼	最	咱	尊	脏	总	增	ü	<	V	P	>	p
炸	这	捉	只	住	找	周	摘	追	站	真	准	丈	中	正	Z	R	110	119	120
ai	=	I	Y	擦	册	次	错	草	才	催	蚕	寸	藏	层	从	ɑi	F	L	M
N	S	X	"	'	(	《	一	…	茶	车	绰	尺	出	吵	仇	柴	吹	产	尘
春	长	虫	成	iu	in	ing	ui	un	洒	色	所	司	诉	扫	搜	赛	岁	伞	森
孙	桑	僧	送	ou	=	O	U	Q	W	y	=	i	=	yi	=	B	C	D	E
G	P	T	V	沙	社	说	是	书	少	手	晒	水	山	身	顺	上	生	ei	=
A	H	J	K	热	日	如	绕	肉	锐	让	容	仍	w	=	u	=	wu	%	¥

训练报告表

第六项　视觉集中 **读没有逻辑关系的 莫名文章**	读错：　　　个字	所用时间：　　分　　秒

第 **29** 日

第一项　净心训练　　静坐（10 分钟）

训练内容参照第 1 日第一项。

要求　学生端坐，两手放于膝盖；将装米的杯子置于头顶；腰背挺直，全身放松；闭目；均匀呼吸，并逐渐放慢。边数呼吸的次数，边听音乐。这样持续坐 10 分钟。

训练报告表

第一项　净心训练 静坐	所用时间：　　　　分	呼吸次数：　　　　次	掉杯子数：　　　　次

第二项　视觉追踪　　扫视曲线

训练内容参照第 21 日第二项。

准备　从"教材·答案册"书后取出卡片 22。

要求　在三分钟时间内，仅扫视黑圈 3 到黑点为一次，再由黑点返回黑圈 3 为第二次。要求扫视中看清黑线。共扫视 3 个三分钟，允许记半圈。

记录　将扫视的次数记在训练报告表中。

卡片 22

训练报告表

第二项　视觉追踪 扫视曲线	第一次扫视的次数	第二次扫视的次数	第三次扫视的次数
	次	次	次

第三项　听觉集中　　数出几个指定数字的数目

训练内容参照第 21 日第三项。

要求　家长读数列，学生数出数列每一组任意数中指定的位数和具体要数的数字共有几个。并把答案写在训练报告表中。

训练报告表

第三项　听觉集中 **数出几个指定数字 的数目**	十位是 0 的数：　个	百位是 1 的数：　个	个位是 2 的数：　个

第四项　视觉分辨　　找出五言律诗

目的　通过从众多的汉字中寻找出组成 8 首五言律诗的字，不仅训练了视觉分辨的能力，同时扩大了对五言律诗的了解、使用和记忆的能力。

要求　下图的 198 个汉字中组成了常见五言律诗 10 首，请从其中找出 4 首。

记录　将找出的 4 首五言律诗写在下面的训练报告表中。

目标　以找出的五言律诗正确为好。

训练

	色	离	山	水	有	床	八	皆	上	歌	中	粒	响	晓	见	黄
地		只	觉	返	九	山	吹	人	明	在	河	听	前	十	曲		此
春	鹅		楼	谁	土	绿	言	雨	四	中	波	千	门	上		滴	青
空	当	二		举	海	近	不	上	惊	处	处	火	禾		夜	在	不
松	闻	低	云		月	一	问	苔	日	生	依	人		明	目	来	子
红	烟	照	春	穷		辛	春	还	鹅	不	禾		知	鸟	一	下	清
头	林	疑	前	向	山		更	眠	知	五		远	荣	声	苦	午	花
去	层	深	花	无	敌	里		望	离		看	鸟	童	水	烧	语	白
原	村	浮	七	月	药	盘	白		来	一	家	少	下	枝	项	人
去	头	欲	乡	三	野	采	里	多	六	拨	草	毛	不	尽	望	师	汗
知	流	一	人	掌	不	声	啼	又	粒	餐	落	日	闻	尽	复	霜	人
鹅	思	树	风	花	风	天	山	上	处	锄	光	但	岁	景	枯	深	是

训练报告表

第四项　视觉分辨 **找出五言律诗**	1.
	2.
	3.
	4.

 **第五项　听觉分辨**　　找出三句话中相同的词组

训练内容参照第 5 日第五项。

要求　听家长读几题中三句不同内容的话，学生找出三句话中相同的五个词组。家长先把某题的三个句子读完，再读两遍，共读三遍。

训练报告表

第五项　听觉分辨 **找出三句话中相同的 词组**	1 题：
	2 题：
	3 题：

第六项　视觉转移　　填写缺失的汉字和符号

训练内容参照第 3 日第六项。

要求　对照表 1，把表 2 中缺失的汉字和各种符号填上。

训练

则	作	子	足	早	走	在	贼	最	咱	尊	脏	总	增	ü	<	V	P	>	p
炸	这	捉	只	住	找	周	摘	追	站	真	准	丈	中	正	Z	R	110	119	120
ai	=	I	Y	擦	册	次	错	草	才	催	蚕	寸	藏	层	从	ai	F	L	M
N	S	X	"	'	(	《	—	…	茶	车	绰	尺	出	吵	仇	柴	吹	产	尘
春	长	虫	成	iu	in	ing	ui	un	洒	色	所	司	诉	扫	搜	赛	岁	伞	森
孙	桑	僧	送	ou	=	O	U	Q	W	y	=	i	=	yi	=	B	C	D	E
G	P	T	V	沙	社	说	是	书	少	手	晒	水	山	身	顺	上	生	ei	=
A	H	J	K	热	日	如	绕	肉	锐	让	容	仍	w	=	u	=	wu	%	¥

表 1

	作	子	足	早	走	在		最	咱		脏		增	ü		V		>	p
炸		捉		住	找		摘	追		真		丈	中		Z	R	110		120
	=	I	Y	擦		次		草	才		蚕	寸		层	从		F	L	M
N		X	"	'	(	《	—	…	茶		绰		出		仇		吹		尘
春			成		in			un		色		司		扫		赛	岁	伞	森
	桑	僧	送		=	O	U		W		=	i	=	yi	=	B		D	
G	P		V	沙	社	说		书		手		水	山	身		上	生	ei	=
A		J	K		日		绕		锐		容	仍		=	u	=	wu	%	

表 2

训练报告表

第六项 视觉转移 **填写缺失的汉字和符号**	填错: 个	填完全部所用时间: 分 秒

第 **30** 日

第一项　净心训练　　静坐（10 分钟）

训练内容参照第 1 日第一项。

要求　学生端坐，两手放于膝盖；将装米的杯子置于头顶；腰背挺直，全身放松；闭目；均匀呼吸，并逐渐放慢。边数呼吸的次数，边听音乐。这样持续坐 10 分钟。

训练报告表

第一项　净心训练 静坐	所用时间：　　分	呼吸次数：　　次	掉杯子数：　　次

第二项　视觉追踪　　扫视曲线

训练内容参照第 21 日第二项。

准备　从"教材·答案册"书后取出卡片 22。

要求　在三分钟时间内，仅扫视黑圈 4 到黑点为一次，再由黑点返回黑圈 4 为第二次。要求扫视中看清黑线。共扫视 3 个三分钟，允许记半圈。

记录　将扫视的次数记在训练报告表中。

卡片 21

训练报告表

第二项　视觉追踪 扫视曲线	第一次扫视的次数	第二次扫视的次数	第三次扫视的次数
	次	次	次

 **第三项 听觉集中** 数出几个指定汉字的数目

训练内容参照第 2 日第三项。

　　要求 听家长读故事《挤鹿奶奉养双亲》，数出指定汉字（"子"，"鹿"）各有几个，并将答案写在下面的训练报告表中。

训练报告表

第三项 听觉集中 数出几个指定汉字 的数目	子： 个	鹿： 个

 **第四项 注意力测试** 视觉测试

测试方法和内容同于第 1 日，请参照进行。

测 试 题 答 卷

题目	1K	1H	5X	C5	A7	O2	1V	3K	9Z	X9	W8	N12	2M	L5	Z19
答案															
题目	B5	4H	L1	12Z	19H	5L	J7	C1	I18	8R	M20	13S	2N	4Q	P20
答案															
题目	6G	3F	3R	14Y	2T	L17	18C	4D	3X	5Y	1Q	V13	13J	4B	5R
答案															
题目	9S	G8	B2	5J	3W	4L	7Q	13K	Z11	5T	8R	17X	9D	1Y	I4
答案															
题目	F33	T38	27P	22D	Z21	C16	31M	24W	35H	Y37	D33	28X	33T	29O	F39
答案															
题目	13B	G15	22X	28S	34Q	37N	9W	14J	28F	32D	37W	H34	K25	18B	I24
答案															
题目	36X	31O	25C	23P	40H	36F	V39	4D	15K	30S	24Y	21J	H25	15X	33I
答案															

题目	24F	28W	36G	39Q	R31	T34	H37	X32	K27	33X	29F	27X	32H	D37	T18
答案															
题目	N19	16W	14K	30F	26J	I19	28P	29W	32D	4Z	30C	27J	37F	C31	Y34
答案															
题目	26L	21K	F28	S32	26O	24R	19X	16T	12K	38S	D39	35K	Z37	S35	H29
答案															
题目	T26	M20	Q27	D35	31P	22K	37P	25I	34D	29J	18C	Y25	31O	22F	17P
答案															
题目	27T	32F	40S	W39	B31	J28	A24	17K	R23	T26	30P	23N	16Q	29Y	K24
答案															
题目	40F	X31	23K	C22	31I	24X	M26	R30	37G	B40	C11	D19	T26	Q34	39P
答案															
题目	37A	31X	H27	D31	34I	Y28	C25	W19	S23	N28	P25	C21	25W	D31	S19
答案															
题目	K23	J28	40I	39H	L28	F24	29S	34B	Y38	V23	P20	19F	X22	S26	H24
答案															

检测方法：

1. 把全部做完上面 225 题的时间写在下面训练报告表中。

2. 家长把学生的测试题答案对照"测试题答案"（见"教材·答案册"第 30 日第四项），找出错误的个数，并计算错误个数所占的百分比。再把结果写到下面的训练报告表中。

3. 比较开始训练前（第 1 日）和训练后（第 30 日）的各项数值：所用时间，错误个数的百分比等。即为视觉注意水平的提高程度。

训练报告表

	题目总数：225 个	错误个数：　　个
第四项 注意力测试 **视觉测试**	所用时间：　分　秒	错误个数所占百分比： 错误个数 / 题目总数 =　　%
	训练前后所用时间减少的百分比： 训练前所用时间—训练后所用时间 / 训练前所用时间 =　　%	训练前后错误个数降低的百分比： 训练前错误个数—训练后错误个数 / 训练前错误个数 =　　%

 ## 第五项　注意力测试　听觉测试

测试方法及内容同于第 1 日，请参照进行。

检测方法：

1. 把正确重复的句子数和正确句子所占百分比写在下面的训练报告表中。

2. 比较开始训练前（第 1 日）和训练后（第 30 日）正确句子数增加所占的百分比。即为听觉注意水平的提高程度。

训练报告表

	句子总数：12 句	正确重复的句子数：　句
第五项 注意力测试 **听觉测试**	正确句子所占百分比： 正确句子 / 句子总数 =　　%	听知觉能力提高的百分比： 训练后正确句子—训练前正确句子 / 句子总数　　=　　%

图书在版编目（ＣＩＰ）数据

30天注意力提升. 第四阶 / 杨其铎等著. -- 长沙 :湖南科学技术出版社，2019.1
ISBN 978-7-5357-9996-8

Ⅰ. ①3… Ⅱ. ①杨… Ⅲ. ①注意－能力培养－小学－教学参考资料 Ⅳ. ①G625.5

中国版本图书馆 CIP 数据核字(2018)第 243866 号

30TIAN ZHUYILI TISHENG DISIJIE

30 天注意力提升 第四阶

著　　者：杨其铎　刘　津　刘人嘉
责任编辑：何　苗　柏　立
出版发行：湖南科学技术出版社
社　　址：长沙市湘雅路 276 号
　　　　　http://www.hnstp.com
湖南科学技术出版社天猫旗舰店网址：
　　　　　http://hnkjcbs.tmall.com
印　　刷：长沙宇航印刷有限公司
　　　　　（印装质量问题请直接与本厂联系）
厂　　址：长沙市岳麓区望城坡街道航天大院 5 栋
邮　　编：410200
版　　次：2019 年 1 月第 1 版
印　　次：2019 年 1 月第 1 次印刷
开　　本：889mm×1194mm　1/16
印　　张：15.25（共二册）
书　　号：ISBN 978-7-5357-9996-8
定　　价：72.00 元(共二册)
（版权所有·翻印必究）

30天注意力提升

 教材·答案册「家长用」

杨其铎 刘津 刘人嘉 著

湖南科学技术出版社

第一作者简介

杨 其 铎

　　杨其铎，著名儿童教育专家，国家科技部项目顾问，"壹嘉伊方程"原创人。

　　杨其铎从事儿童教育研究30多年，是一位集理论与实践为一身的教育专家。早先从对自已的女儿进行教育入手，由两个女儿的成功教育（一为北京大学医学博士、哈佛大学研究学者；一为15岁以专业成绩全国第一名考入中央工艺美术学院—现清华大学美术学院），进而推广到研究普通儿童的全面素质教育。她在其后18年的群体实践中，已培养出近千名品格优秀、智力超常的孩子。

　　杨其铎历经三十几年的研究和实践，研究开发出3～13岁儿童的整套教育方案与教材教具——《壹嘉伊方程》。《壹嘉伊方程》曾在北京大学进行过试点，得到国家教育部前任副部长韦钰的赞赏。

　　杨其铎研究家庭教育也有30多年历史，在中国很多城市进行过演讲、专题讲座（2014.4—2015.6在湖南省图书馆连续进行的"家庭教育讲座"十六讲。），多次被电视台进行专访报道。在指导家长如何进行家庭教育上做出很大成绩，帮助很多家长解决了忧患和烦恼，改造了大量有不良习惯的儿童。

　　2004年，杨其铎的教学科研成果《壹嘉伊方程》丛书开始出版，2008年～2012年又有大批教材问世。至今已出版书籍八套共40多本，其中："家庭教育"方面的书籍2本，《壹嘉伊方程》教材七套，40本。

　　她的书籍受到广大家长的如潮好评，得到国内外教育权威人士的高度认同，他们评价此书是"填补了中国乃至世界脑科学发展的操作部分"，是"符合儿童认知和心理发展"的书籍。

　　杨其铎的专著已在国内和美洲，欧洲，澳洲等有华人的地方广泛传播，其中《四五快读》连续多年荣登当当网畅销书榜首，发行已突破200万册。《四五快读》在美国是学习华文教材的第一位，澳洲"孔子学院"也把它作为学习华文的教材；《30天注意力提升》也一直热销，并成为国内广大培训机构的教材以及医疗机构的矫正教材。

　　杨其铎三十几年的教育研究和实践过程，可概括为三步进行：第一步对自己孩子的教育（个案），第二步是对普通儿童的教育，在自己创办的实体中进行实验研究（群案），第三步是对广大儿童的教育（经由出版书籍对广大儿童进行的教育）。这三层教育都收到了令人信服的效果。由此可以证实，杨其铎的研究成果具有坚实的实践基础，是符合中国国情、符合儿童心理和认知水平的。

注意力

是提高学习能力至关重要的心理品质

再 版 前 言

《30 天注意力提升》第一版于 2008 年问世，至今已 10 年，一直属于常销书类。虽然需求的人数不少，也一直不断地加印。但我个人感觉，它并没有达到我写此书的预期目的，因为它不如《四五快读》那样被人们需求、追捧。然而实际上，注意力培养的重要性绝不亚于家长所认为的早期识字阅读和数算，甚至更为重要，因为它是保证学习质量高低的决定因素。

10 多年前，北京大学的博士生导师预见我国儿童"注意力涣散"的情况会越来越严重，并希望我能关心这方面的问题。于是我萌生了写一套提升注意能力的书的想法。当有培训机构知道我的动机后，不失时机地向我伸出橄榄枝，要出天价买断壹嘉伊"注意力提升教材"的版权，供他们旗下的培训点使用。当然我不会为了钱改变我的初心——为中国广大的孩子写一套能帮助他们改变命运的书。因为在中国，学习成绩几乎是决定命运的标尺，而注意力又是提高学习成绩的至关重要的心理品质。

由于第一版出版发行几年后的情况，距离我的初心差距太大，我有时甚至会想，如若当年交给培训机构，通过他们的宣传也许受益的孩子会更多、更广。

今年，湖南科学技术出版社准备修订再版此书，我进行了深刻的思考，确实发现了第一版的几个"误区"。

1. 第一版的定位不够准确。在前言"纠正极具破坏力的学习习惯——注意力涣散"中，强调的是这套书专门针对注意力涣散的孩子，供他们改善注意涣散的毛病，是一本"治病"的书，而不是"预防"的书。因此只有发现孩子的注意力确实有问题了，家长才来光顾此书，属于"亡羊补牢"。

而本套书的作用决不仅限于此。对于注意力没有什么毛病的孩子，用这套训练方案可以很大程度地提高注意品质，成为学习能力超强的人。"亡羊补牢"毕竟无奈，防患于未然，加强培养才是根本。

2．第一版没有明确指出儿童形成"注意涣散"的众多原因，所以在指导家长如何帮助孩子克服不良习惯方面的力度不够。

现实中我们所有的学生几乎都存在着程度不同的"注意力不良"的问题，形成的原因和我们的教育现状，包括学校教育、家庭教育都有着密不可分的、千丝万缕的联系。尤其是"独生子女"一代，从小以这种特殊的身份长大，环境的副作用烙印不可避免地印在了孩子身上。所以这一版（第二版）在"家庭教育不当"的形成原因中我下了大力，列举了诸多家庭教育不当的表现，分析了形成的原因，给出了改变状况的建议。这个做法不仅对于注意问题较大的孩子家长有着明确的指导作用，而且对于注意品质没有什么问题的孩子家长、甚至幼童的家长都是有着借鉴意义的。

这一版（第二版）我们设计了"问卷"，家长可以通过回答问卷，自查"注意力不良"的程度，搞清楚自己孩子的注意品质属于什么程度；如果属于涣散，形成的原因又在哪里，如何纠正等，这样在指导家长如何操作上就提升了一个高度。

总之，《30 天注意力提升》这套书除了可以"治病"，帮助注意涣散的孩子纠正不良习惯外，一个更大的作用，就是可以用它来"培养和优化"孩子的注意品质，为孩子的学习能力大幅加分。

如果再版的《30 天注意力提升》能够唤醒更多的家长懂得注意力的重要，重视对孩子注意力的培养，并能尽快开始对孩子进行注意力提升的训练的话。那么我才会真正感到欣慰，真正感到自己做了一件有用的事。

注意力的定义

注意力是什么?

大家在听课或看电影时都会有深刻的体会，那就是必须要将眼睛、耳朵都指向老师、黑板或银幕，才能接受信息。但是如果我们虽然眼睛盯着、耳朵也听着，心思却没有集中到这些地方，就会出现"视而不见，充耳不闻"的现象。为什么呢? 那是因为我们的心思（即心理活动也称"**意识**"）没有参与到这个认识过程中来，也就是"心"（实际是"意识"，俗称"心"）跑了，于是就出现了"心不在焉"的现象。

为了听好教师的讲课，我们必须先让"心"指挥好眼睛和耳朵，看着或听着所要接受的信息，再控制住"心"，不让它跑了。那个能够控制住"心"的是谁呢? 是"**动机、意志等非智力因素的组合**"，这个就可以称之为"**注意**"。

因此，要全面认识事物，必须要有**注意 = 意志**等的控制，才能使被控制的**意识**（心）稳定于这个认识过程，达到"一心一意"的目的。

从而，我们得出了"注意力"的定义：**将意识指向并集中于一定对象的能力，是学习知识的门户，是一种宝贵的心理品质。**

俄国教育家乌申斯基曾把注意力比喻为"一扇门"，凡是外界进入心灵的东西都要通过它。如果这扇门半开半闭或者没有开启，外界的东西也就只能够进来一部分，甚至一点都没有进来。这样就一定会影响学习效果。

第一部分

培养和提升注意力可以为孩子的一生奠定坚实基础

决定"注意力"好坏的要素

影响"注意力"好坏的因素很多，例如先天的神经类型、气质类型、激素水平；后天的个性、意志力、感觉统合程度以及不同的家庭教育方式对人的影响等。

若要具备优秀的注意力品质，具体归结起来，最重要的是两大要素：

一是好用的眼睛和耳朵。

二是良好的意志力。

眼睛和耳朵要好用到什么程度呢？

眼睛：不仅要能看见，还要能看全（范围），能看清楚（细节）；不仅要能看正确，还要能看懂（理解）；并且要能记住。

耳朵：不仅要能听见，还要能听全（完整），能听清楚（细致）；不仅要能听正确，还要能听懂（理解）；并且要能记住。

良好的意志力：由最初的自控力发展到在学习或工作时能够克服自身的疲劳、病痛等困难，顶住外界的任何干扰甚至引诱，不让它们把自己的"心"拉走。

要把注意力训练到上面所说的程度，对于幼儿、儿童肯定需经过一个长时间的训练过程。

为什么必须要经过长时间的训练呢？
儿童"注意"的特点

● **儿童期，"注意"由无意注意向有意注意发展**

儿童注意的发展是和神经系统的发育、主导活动的形式以及情感、意志等因素相联系的。

学前儿童的认知能力、自控力都还没有很好地发展，神经系统还都处于发育中。此时幼儿的主导活动是游戏，一般没有学习任务。因此他们的注意没有一定的方向和目的，主要处于**无意注意**。他们很容易被客观环境的各种因素：声音、色彩、活动的事物，突发的情况所吸引。

当他们进入小学，主导活动便由游戏变为了学习，此期教师的任务是不断向儿童提出各种要求，儿童的注意力也就在教师的引领下由低级的无意注意逐渐向高级的**有意注意**发展。

渐渐地，小学低年级的孩子已经能够按照教师的要求进行听讲、读写等学习活动，但他们的自我控制能力较弱，容易受外界事物的吸引，而分散注意力。

随着教师长时间对儿童提出各种提高注意力的要求，小学生的**有意注意**就逐渐发展起来。开始时还是被迫的，以后才能够自己强迫自己去学习，到了小学高年级才能较自觉地学习。

● **儿童"注意"的稳定性是影响学业第一位的因素**

注意本身表现有各种不同的品质（特点），例如：注意的集中性、稳定性，注意的分配范围和注意的转移等。这些特点之间是相互联系的，这些品质的优劣又和儿童的生理发育水平、儿童的知识水平、生活经验、思维水平以及儿童所面对不同事物的性质、内容有关。

这些品质中，注意的稳定性，即指注意集中并持久于所做的工作或所认识的事物的能力，是学习期间第一位重要的因素，是顺利完成课业的保证。

● **主要影响儿童注意稳定的 2 个因素**

①儿童的年龄影响"注意"的稳定性，表现为儿童注意的稳定性随年龄的增长而增强。而注意的其他各特点，例如注意分配、注意转移等也会随着儿童年龄的增长，在成长中逐渐发展起来。一般情况下，儿童集中、稳定注意力的时间见下表：

儿童年龄	注意集中时间
7—10 岁	约 20 分钟
10—12 岁	约 25 分钟
12 岁以上	约 30 分钟

②儿童在成长过程中所面对的活动内容、形式，儿童活动指导者的水平等对其注意的稳定性影响明显。如果在实践中，引导者能够根据孩子的心理、兴趣，把所学内容变得更为生动活泼的话，孩子注意的稳定性就可以提高很多。

例如：在课堂上，学生的数量比较多，如果教师能够把教学组织得更紧凑，内容更生动直观，方法更多样化一些，学生在课堂中的注意时间是可以保持到 45 分钟的。

总之，儿童的注意能力是要经过一个比较长的时间，在诸多因素的影响下发展起来，逐渐达到理想的程度。

提升"注意"品质，重点训练"视知觉"和"听知觉"能力

我们先搞清楚几个名词，要知道视觉、听觉和视知觉、听知觉不是一回事。

良好的注意品质是要把视觉和听觉获得的信息传递到大脑，并进行加工，再完整地把客观事物的整体形象反映出来。而这个传递、加工、反映的心理过程，就是"知觉"。

只有视觉（看得见）和听觉（听得见）还不够，一定要达到能够完整反映事物的程度，即要有较好的"视知觉"能力和"听知觉"能力。

良好的视知觉和听知觉能力一定是有"意识"的参与才能获得，一定要经过大脑的传递、加工等心理过程才能完成。

● **"视知觉"能力包含**

视觉集中（将视力集中于所见的事物）。

视觉分辨（分辨清楚相近事物的不同）。

视觉宽度（视力能够看到的最大范围）。

视觉转移（将视力从一个事物转到另一个事物）。

视觉理解（理解所见事物）。

视觉记忆（记住所见到的事物）。

视动协调（边看边说或边看边写的协调能力）等。

● **"听知觉"能力包含**

听觉集中（将听力集中于所听的事物）。

听觉分辨（分辨清楚所听事物的细部或不同）。

视觉转移（将听力从一个事物转到另一个事物）。

听觉理解（理解听到的事物）。

听觉记忆（记住听到的事物）。

听动协调（边听边写、边听边动的协调能力）等。

如果我们希望孩子能够具有比较理想的注意品质的话，就必须要训练"视知觉"和"听知觉"的各种能力。

《30 天注意力提升》即是训练、提升"视知觉"和"听知觉"能力的一套教材

第二部分

小学生注意力涣散的治疗

当前中国学生的注意力和学习情绪普遍存在问题，形成的原因很多：因为学习压力大，考试不断，疲惫不堪，厌学，再加上培训项目过多，没有自己的活动空间……而且注意涣散的程度不同，严重的导致多动症，对立违抗，轻度的则为注意涣散。

一、小学生注意力涣散的常见表现及原因

（一）粗心：看错、听错、抄错

表现：

1. 读书时：读错，漏读；

2. 写作业、考试时：看错，抄错，漏题；

3. 留作业时听题、考试时考听写题经常听错。

原因：

1. 视知觉能力差：或视觉集中、或视觉分辨、或视觉宽度、或视觉理解、或视觉记忆、或视觉转移、或视动结合差；

2. 听知觉能力差：或听觉集中、或听觉分辨、或听觉理解、或听觉记忆、或听觉转移、或听动结合差。

（二）做作业慢，做事效率低

表现：

1. 作业时间比应完成时间长几倍；

2. 边做作业边玩;

3. 没有家长陪就做不完。

原因:

1. 学习习惯不良;

2. 有依赖心;

3. 视知觉能力差:或视觉集中,或视觉分辨,或视觉宽度、或视觉理解,或视觉记忆,或视觉转移、或视动协调差。

(三) 上课思想不集中

表现:上课讲话、做小动作,走神,没有听见课堂内容。

原因:

1. 上课内容听不懂,理解力差;

2. 自控力差,注意集中能力、指向性差;

3. 听知觉能力或注意转移差。

(四) 其他方面

表现:

1. 特别不愿意做那些需要持续用脑的功课或训练;

2. 游戏,做事时不注意细节,常犯粗心大意的错误;

3. 经常弄丢东西,例如玩具,铅笔,书本或其它学习用具;

4. 经常忘事,例如上学校时丢三落四,忘记老师、家长安排和分配的任务;

5. 在完成任务或做功课时常常虎头蛇尾,不能按要求将事情做到底;

6. 家长对孩子讲的话,孩子经常听不见。

原因:

1. 依赖性强;

2. 意志力薄弱;

3. 缺乏责任心;

4. 注意指向性差,听知觉能力差;

5. 家长在教育中缺失对注意能力的培养。

我们总结出,注意涣散发生的重要原因有三个方面:

1. 单纯的注意品质弱:表现为:

① 注意集中能力差,注意指向性差,转移能力差。

② 视知觉能力差．听知觉能力差。

2．行为习惯、心理能力差，导致注意力涣散。表现为：

① 依赖性强，缺乏责任心。

② 自控力差，意志力薄弱。

3．学习习惯不良：学习能力差，理解力差。

二、自查 "注意力不良" 的程度

既然注意力的形成或培养都是个长期的过程，那么当我们的孩子在上学以后出现了注意力涣散的表现时，就要找到根源，而且很多原因是从很小的时候就存在的。

为了帮助孩子治疗这个"毛病"，必须先要准确地查找和判断孩子"注意力不良"的表现属于什么类型，再根据原因对症下药。

（一）填表：

请家长按照孩子的实际表现，针对以下问题，在情况符合的括号【 】内打勾：

表 1

序号	类型号	标记括号	孩 子 的 表 现
1	2 号	【 】	我的孩子上课 10 分钟后，就开始动、说小话。
2	1 号	【 】	我的孩子在做作业时，经常听错教师或家长读的题目。
3	3 号	【 】	我的孩子在做作业时，没有家长陪就做不完。
4	5 号	【 】	我的孩子经常处于活跃状态，就像上了发条一样不停地活动。
5	2 号	【 】	我的孩子上课时经常左顾右盼，和同学说话，做小动作。
6	4 号	【 】	我的孩子经常听不懂老师在课堂上讲的内容。
7	5 号	【 】	我的孩子经常在需要安静的场合，不听劝告地四处奔跑或攀爬。
8	3 号	【 】	我的孩子常常无法按照指示完成作业、任务或其他事情。
9	4 号	【 】	我的孩子各科成绩都不够理想，孩子自己也很是焦急。
10	5 号	【 】	我的孩子很难静下来玩耍或安静地游戏。（除了看电视、打电游）

表 1　续表

序号	类型号	标记括号	孩　子　的　表　现
11	2 号	【　　】	我的孩子经常不知上课讲的是什么，不知留的作业是什么。
12	4 号	【　　】	我的孩子上课很不爱举手。（因为不自信，怕答错）
13	2 号	【　　】	我的孩子在做作业时效率很低，边做边玩，用的时间常常几倍于应该完成的时间。
14	1 号	【　　】	我的孩子在考试时，经常听错教师读的题目。
15	5 号	【　　】	我的孩子常常不能参加有序、轮流的游戏或活动，例如不能耐心地排队等待。
16	4 号	【　　】	我的孩子在做作业时经常因为不会做而拖延了时间。
17	3 号	【　　】	我的孩子经常弄丢东西，例如玩具，铅笔，书本或其它用具。
18	2 号	【　　】	我的孩子在做作业时不能集中精神，一有风吹草动就会分心。
19	1 号	【　　】	我的孩子在考试时，经常看错题，抄错字，抄错符号，抄错得数，丢题。
20	5 号	【　　】	我的孩子常常在老师还没有说完问题时就抢着回答。
21	3 号	【　　】	我的孩子经常忘事，例如上学校时丢三落四，忘记老师安排和分配的任务。
22	2 号	【　　】	我的孩子逃避或不愿意做较为细心的事。
23	1 号	【　　】	我的孩子在做作业时经常掉字、写错字、写错符号，抄错得数。
24	3 号	【　　】	我的孩子经常听不见别人对他讲的话，家长要求他做某件事时，要说上很多遍。
25	5 号	【　　】	我的孩子常常在课堂上或其他应该坐好的场合，不听劝告地站起来。
26	4 号	【　　】	我的孩子学习还是比较努力，课堂上也能注意听，但成绩并不理想。
27	2 号	【　　】	我的孩子从小在游戏、做事时就不注意细节，常常犯粗心大意的错误。
28	1 号	【　　】	我的孩子在读书或读课文时，容易读错字，加字或丢字很多。

表 1 续表

序号	类型号	标记括号	孩　子　的　表　现
29	5 号	【　　】	我的孩子手或脚经常不安地动来动去或坐不住。
30	4 号	【　　】	教师有时问我的孩子有没有不懂的地方，他也说不出来。
31	2 号	【　　】	我的孩子上课经常走神，没听见老师的讲课内容。
32	1 号	【　　】	我的孩子在考试时，难题做得对，不该出错的地方反而出错。
33	3 号	【　　】	我的孩子遇到他认为难做的事情甚至难度大些的游戏就拒绝继续做下去。
34	5 号	【　　】	我的孩子在许多场合都会贸然介入别人的活动或谈话。

（二）进行总结：

类型号 1 号 共计（　　　　）个记号

类型号 2 号 共计（　　　　）个记号

类型号 3 号 共计（　　　　）个记号

类型号 4 号 共计（　　　　）个记号

类型号 5 号 共计（　　　　）个记号

（三）结论：

1 号　多于 4 个——缺少注意力专项训练。

2 号　多于 6 个——有注意力涣散倾向。

3 号　多于 6 个——因为家庭教育失当，直接造成"自控力差，意志力差，依赖性强，没有责任心"等个性特点，间接造成"注意力涣散"。

4 号　多于 4 个——学习能力较差。

5 号　多于 6 个——有多动症的行为症状。

此自查的量表是根据我多年在实践中积累的经验研究总结而成，是给大家提供建议的，而不是用于医学诊断的量表。

三、各型注意不良的形成原因与纠正方法

（一）1 号类型——缺乏注意力专项训练：

采用提高视知觉和听知觉的训练方法即可。

（二）2 号类型——注意力涣散：

表 2。　　　　　　　注意力涣散的形成原因及纠正方法

形　成　原　因	纠　正　方　法
1. 气质类型（例如：多血质）使然。	尽力矫正因气质带来的弱点。
2. 不当的家庭教育环境及方法没养成孩子"守规矩"的良好习惯。	努力改变家庭教育的方法。
3. 课堂内容较为枯燥，吸引不了孩子，于是上课做小动作，说话，玩。	努力提高孩子的自控力。
4. 孩子受到的关注和表扬不多，于是千方百计表现自己，以便引起大家的注意。	增强对孩子的关注，以鼓励的教育方法提高孩子的自信。
5. 上课的内容听不懂，累积起来更觉得吃力，因此不认真听课，逐渐形成注意力涣散的习惯。	想办法帮孩子补齐功课，并培养良好的学习习惯。
6. 孩子迷上看电视、上网、电游，无心学习，注意力不能集中听讲。	努力引导孩子远离不良爱好。
7. 孩子课外训练的项目过多，孩子已经没有足够的精力集中听课。	适当减少课外培训的数量。
8. 家长额外给孩子增加作业或做"考试卷子"，使孩子更加厌倦学习。	家长应该杜绝这种做法。

（三）3 号类型——家庭教育失当：

表 3　　　　　　家庭教育的失当形成注意力涣散的原因及纠正方法

原因	具　体　表　现	纠　正　方　法
缺乏培养注意力的理念和方法	1. 家长自身浮躁的性情，给孩子带来不良影响。	家长以安详的态度和稳定的情绪来感染孩子，做孩子的好榜样。 说话简洁清晰，减少重复，不要唠叨。 给孩子指令时，逐渐做到只说一次。
	2. 忽视"净心"的训练： ①家长没有训练孩子"净心、专注"的意识和能力。	家长要明了培养"净心、专注"的习惯是对孩子一生最大的帮助。
	②没有给孩子营造"安静"的环境。	保持安详、宁静的家庭氛围，排除喧闹、嘈杂的因素。

表3　续表

原　因	具　体　表　现	纠　正　方　法
缺乏培养注意力的理念和方法	③经常带孩子参加热闹、刺激的活动。	减少带孩子参加热闹、刺激活动的次数。
	④从小的阅读不够。	即刻开始培养孩子的阅读习惯。
	3. 玩具、书籍过多。	控制玩具和书籍的数量，争取做到每本书、每个玩具都能反复接触过。
	4. 看电视时间过多。	减少看电视的时间，每天不能超过 1～2 小时（2 岁以内幼儿应杜绝看电视）。要做出规定并严格执行，家长必须带头做到。
	5. 参加各种培训与活动过多。	适量参加各种培训班，以确实能够收到"提高学习兴趣"和"提高才艺水平"为标准。
	6. 对孩子的帮助（辅导）过多。	对孩子的帮助（辅导）过多，反而会养成孩子"上课不听讲，回家等'补课'"的依赖心理，进一步使注意力涣散。应该努力培养孩子的自学能力和良好的学习习惯。
不重视体育和动手的训练	1. 不重视体育锻炼。	感觉统合失调的孩子，没有能力控制自己的注意力，从而形成注意力涣散，甚至成为多动症。加强体育运动（大肢体运动）可以提高感觉统合水平，即可保证良好的注意集中和自我控制能力。
	2. 不重视动手的训练。	手是"第二大脑"。动手不仅可以全面地开发大脑，还是感觉统合运动中很重要的一环。加强动手的训练（精细运动），延长注意力的持续时间，使孩子"静"下来。
家庭教育模式不当	1. 对孩子有求必应，宠溺过度。	培养了"自我中心，自私、不关心他人，严重的娇骄二气。追求奢华，没有责任心，不反思自己，自律自控差，注意涣散"的人。家长应尽快改变这种教育模式。
	2. 对孩子"大放手、给自由"，过度放任。	培养了"自我中心、骄横无理、不守规矩、胆大包天、无法无天、自律自控差、注意涣散，不担当、不易结交益友"的人。家长应尽快改变这种教育模式。
	3. 对孩子照顾、呵护过分。	培养了"胆小、怯懦、依赖、自律自控差、意志薄弱、没有责任心"的孩子。家长应尽快改变这种教育模式。
	4. 对孩子支配、指挥过度。	容易成长为"依赖、心理幼稚、不自信、无创造性、无理想、无作为"的人。家长应尽快改变这种教育模式。

表3　续表

原　因	具　体　表　现	纠　正　方　法
教育方法不当	教育方法以"督促、批评"为主。	容易成长为自卑、被动、自控自律差、不担当、不快乐的人。家长应努力学习"鼓励为主"的教育方法。
	教育方法以"说教"为主。	容易成长为只说不做、空头理论、自控自律差、不担当，把大人的话都当成耳旁风，很早就发生逆反情绪的人。
	经常对孩子进行"消极暗示"。	只能使孩子认可了自己的弱点，丧失前进的动力。家长应该鼓励孩子，采用"积极暗示"的方法，帮助他一起努力克服不良习惯，增强信心。
当孩子受挫后采用方法不当	讽刺、挖苦。	容易使孩子变为自暴自弃、待人尖酸刻薄、充满负能量、阴冷之人。家长应立即改变这种方法，学习采用鼓励为主的教育方法。
	唠叨、苦情。	容易使孩子变为内疚、负罪感、烦躁、自卑、自甘落后、无动力、很难有所作为的人。家长应立即改变这种方法，学习用鼓励为主的教育方法。
	打骂、饿饭。	容易使孩子变为冷峻、凶残、暴戾、无同情心、充满报复心之人。或者成为胆怯、卑下、猥琐、阿谀奉承之人。家长应立即停止这种方法，学习采用鼓励为主的教育方法。

（四）4号类型——学习能力较差：想办法帮孩子补齐功课，并培养良好的学习习惯。

（五）5号类型——有多动症行为症状：儿童多动症的形成与多种原因有关。应由医疗机构进行诊治。

四、确定改变孩子现状的努力方向

经过填表后，家长会发现自己的孩子在好几个方面都存在着问题，例如：他可能是"注意涣散"为主（2号类型），但也没有进行过注意力专项训练（1号类型），而自控力差也和家庭教育不当（3号类型）有关，只是轻重程度不同罢了。这个发现再正确不过了，因为"注意涣散"绝对是既有注意品质上的问题，也有非智力品质的问题，是多种因素造成的。

这时，家长就应该将几个方面的因素综合起来考虑，根据孩子在几个类型中的表现程度、形成原因、纠正方法，围绕着最严重的问题制定可行的治疗方案。

因为几乎所有注意涣散的孩子都会存在家庭教育不当的原因，所以在制定治疗方案时，最好是全体家长参加，大家一起讨论，客观冷静地挖掘问题出在哪里，找到原因后，全家

人包括孩子一起携手努力，为了孩子的未来尽快改变。

　　这儿有一点要提醒家长，在分析孩子的表现，寻找注意涣散原因时，请注意参照前面所介绍的孩子在不同年龄段的注意稳定时间表，根据孩子的年龄，找出与稳定性规律的差距。例如孩子只有七岁，注意稳定时间应该只有 20 分钟。但每节课的课时为 45 分钟，孩子会受不了。这样的情况，只能尽快用《30 天注意力提升》训练孩子，尽快地提高注意能力。

十年的实践证明《30 天注意力提升》确实可以直接提高视知觉和听知觉能力，也可以纠正注意涣散的不良习惯

　　此套教材使用后的效果如何，是否真的可以提高孩子的注意品质？

　　我进行儿童智力、能力的研究三十几年，已经积累出"壹嘉伊方程"的全部教材，并在陆续出版中。我们"壹嘉伊方程"教材的各个科目中都含有很多训练"注意力"的内容，凡是从"壹嘉伊"走出去的孩子，都保持着非常优秀的**"定力 = 注意品质"**，这种品质为他们的远期学习甚至一生奠定了坚实的基础。

　　写作"30 天注意力提升"这套书，我的的做法是：先将"壹嘉伊方程"中的"注意力训练部分"提出来，又补充了许多新内容，将这些内容整合成听知觉训练和视知觉训练，并做了更细的分类，例如"视觉集中"、"听觉集中"、"视觉判断"、"听觉判断"、"视觉转移"、"听觉转移"、"视觉记忆"、"听觉记忆"等。然后，经过几期学生的试验、调整，证明效果十分明显。第三步才是出版，目的是想看看这套教材对于广大的家长、教师、孩子是否真有帮助。

　　2008 年《30 天注意力提升》（共四册）正式出版，到现在已经发行 10 个年头。

　　从发行 10 年中陆续得到的反馈情况看：

　　一是，确实有很多发现孩子注意不够好的家长非常重视，并积极投入对孩子的训练中，所以每个寒、暑假前，都会出现购书高潮。而从读者的反馈信息中，得知孩子经过一个假期（连续 30 天）的训练，开学后，不但注意力得到很大提高，而且学习成绩也明显上升，家长很满意。他们的感觉是：孩子的视知觉和听知觉能力提高了，观察力、记忆力、思维能力和学习效率也都有了明显的提高。更为可喜的是孩子的自信心、意志力也增强了，由厌学转为愿学、爱学，由被动学习转为主动学习。

　　二是，全国大量的"注意力培训班"采用这套教材进行训练；还有不少老师到我处进

行培训后开班提高学生的注意力，效果都很突出。

三是，很多医疗机构在进行"儿童多动症（注意短缺型）"的检测和治疗中，采用这套教材对孩子进行测试，并用它进行"多动症"的矫正治疗，效果明显。这点是我始料未及的，当然我也很高兴。

四是，有些省 2010 年以后出版的教材中也已经采用了此套教材中的某些内容，说明这套书的训练方法和题型是有价值的。

通过以上反馈的情况可以看出，《30 天注意力提升》用来培养提升学生的注意品质，或用来纠正注意涣散等不良习惯，收效的确明显。

因此。此套书适合每一个小学生（甚至初中生）用作提高自己的注意品质。

学前幼儿园大班的孩子，如果接受过一些学前教育（能识一些汉字，做简单加减法），也可以用此套书的第一册进行训练，以提升注意品质。具体操作时只要把本书中每天的内容分两次进行就可以了（详见"使用操作要点"）。

经过注意力提升培训的学前儿童在进入小学后，就能够很快顺利适应学校的教学活动。

期待每一位家长重视孩子注意品质的培养，并付诸实践，培养出**"定力 = 注意力"**优秀的学生。

作者

2018 年 10 月

使用操作

本书可以用作培养、提升学生注意品质的教材。也可以用来纠正学生注意力涣散的不良习惯。

一、使用范围

本套书主要针对小学生（初中生也可以用）

本书很难定出哪册书适用于哪个年级的学生，因为孩子的情况各不相同。只能做几种粗线条的描述。

❶ 一般情况下训练提升孩子的注意力品质

应该怎样做呢？孩子入小学后的第一个寒假，有了汉字、数字的基础知识，可以用第一册开始训练；二年级的学生可随时从第一册开始训练；三年级以上的学生可从第二第或三册开始训练。

平时可安排在完成学校作业后，每天做本书中的"1 日"训练，也可"1 日"分两次做，但一定要连续 30 次不中断，效果才显现。

如果是假期做，连续 30 天做一册，注意力品质会有明显提升效果。

❷ 如果家长确实感到孩子的注意力出了问题需要纠正时

应该采用哪一册呢？一般小学低年级学生，应该从第一册开始进行训练；中年级学生可以从第二册开始；高年级学生要视严重程度而定，可以从第三册开始，也可从第二册开始；初中生同样可以从第三册开始。总之涣散程度越严重，就越要从程度低的那一册开始训练、纠正。

❸ 学前孩子怎样训练注意力

家长如果很想提高学前孩子的注意品质，在采用此书时，也有禁忌或者限制：

● 小于五岁（含五岁）的幼儿不适合采用此教材。

● 学前班（或幼儿园大班）的孩子，如果已经认识一些汉字和数字，可以选每道题的一部分进行训练。

例如：

"数出几个指定数字的数目"，家长读 20 个数列，让孩子数有几个什么数。

"数出几个指定汉字的数目"，家长读短文让孩子数有几个什么汉字。

这种类型的题目，可以采用把数列减少、减短的方法；读文只读一半的方法来训练。

也可以依照书中训练视知觉、听知觉的方法另外找短的数列或文章进行。待熟练后可以逐渐加长。

遇到与算数有关或孩子还没有接触到的题目跳过即可。

看图的题都可以做。

二、操作要点

1 每册书包括两本：

训练册，为题目集。供学生做训练题用，并记录训练效果。

教材·答案册，主要含训练听知觉的教材；视、听答案；每日评估。供家长读题、检查对错及记录学生的训练状况，做对比等用。（"教材·答案册"后附有训练卡片）。

2 本书每日安排从视、听两方面进行训练（每日的二、四、六项为视知觉训练，三、五项为听知觉训练。），视、听交替进行，以提高视知觉、听知觉水平和避免疲劳。

3 每本书提供 30 天训练方案。其中：

● **净心训练**：静坐、放松、调节呼吸是为了做好训练前的准备，把身心调适到一个良好的状态。

● 视知觉训练中的

定点注视·注视一点不动可以激活视网膜的神经细胞，增强稳定视知觉影象的功能，很大程度地提高视知觉的集中能力。

视觉追踪能够加强眼睛、视觉神经和大脑相关部位的功能，能够拓宽视野，提高对事物的认知速度和捕捉能力，对于防止近视的发生也有一定的作用。

● **视知觉训练题**：可以提高视觉集中，视觉分辨，视觉宽度，视觉转移，视觉记忆，视动协调等能力。

● **听知觉训练题**：可以提高听觉集中，听觉分辨，听觉宽度，听觉理解，听觉记忆，听动协调等能力。

4 请学生认真完成本书提供的 30 天连续训练方案（30 天不要间断），每天训练 6 项内容，时间约为 1.5～2 小时。

如果不能保证每天 2 小时训练，可以将一天的训练内容分两次做：第一次做第 1、第 3、第 4 项，第二次作第 2、第 5、第 6 项，以使每次的内容都能够包含视知觉能力和听知觉能力的训练。

5 请家长全程陪同孩子训练当教练，除了读"听知觉"题，核对答案外，还要观察、

记录孩子每次的表现。发现进步及时肯定；如遇困难，一定不要责备或表示失望，要用孩子哪怕细微的进步来鼓励孩子坚持到底，不惧重做，直到取得最后胜利。

6 纠正注意力涣散，不可能一蹴而就，做完一册训练后，可以再选择更高阶的训练，巩固效果。之后，还需要在一段较长时间内继续贯彻本书的思路，以稳定注意品质：

● 平时多静心，使学生常处于安静状态。少做浮躁、激动、疯玩的活动，例如：长时间打电游、长时间上网、长时间看电视等。

● 每天孩子做完作业后，做一些提升注意力的训练。例如：

1. 让孩子读（或倒读）一段文章，要求不漏字、不加字、不跳行，逐渐加长文章内容，逐渐做到加快速度且正确率高。

2. 让孩子数某段文章中某个汉字的数量，争取做到正确率越来越高。

3. 复述家长读的数列、句子或数其中的数或字的数量等。

● 每周末需要做一次坚持较长时间的活动（1～2小时以上），例如：练书法，下棋，画画，拼图，练坐功等。

7 训练过程中，建议有条件的家庭最好能够提供一个音乐氛围，即轻声播放轻柔、舒缓的无标题音乐，例如：外国古典音乐，民族音乐中的古筝、二胡、琵琶独奏等乐曲，或者大自然音乐等。这种做法有利于身心的放松和集中注意力，同时也开发了右脑。

8 本书可以作为注意力提升培训班的训练教材。

目 录

第 1 日

 **第三项　听觉集中**　　**数出几个指定数字的数目**

要求：家长读数列，学生听并数出指定数字（"1"，"3"，"5"，"8"）各有几个。家长读数前先提醒学生要数哪个数，例如先数"1"，请学生用心数数。然后一秒读一个数：4 4 2 8 8……待家长读完一遍数列后，让学生把共有几个"1"的数目写在训练报告表中。然后，家长再读第二遍数列，学生数下一个数字"3"……

读一遍数列，学生数一个数字，数 4 个数字要读 4 遍。

教材：

44288　10975　66593　34461　28475　64823　37867　83165　27120　19091

45648　56692　34603　48610　45432　66482　13393　60726　02491　41273

答案："1" =10，"3" =12，"5" =7，"8" =9

 **第四项　注意力测试**　　**视觉测试**

要求：

1. 把全部做完 225 题的时间写在训练报告表中。

2. 家长把学生的"测试题答卷"对照下面的"测试题答案"，找出错误的个数，并计算错误个数所占的百分比。再把结果写到训练报告表中。

答案：

测 试 题 答 案

题目	1K	1H	5X	C5	A7	O2	1V	3K	9Z	X9	W8	N12	2M	L5	Z19
答案	4	9	4	5	1	8	2	6	6	4	8	7	0	3	7
题目	B5	4H	L1	12Z	19H	5L	J7	C1	I18	8R	M20	13S	2N	4Q	P20
答案	1	7	2	1	9	3	2	8	1	9	4	8	5	5	6
题目	6G	3F	3R	14Y	2T	L17	18C	4D	3X	5Y	1Q	V13	13J	4B	5R
答案	4	9	9	4	5	3	3	6	8	4	4	4	9	6	3
题目	9S	G8	B2	5J	3W	4L	7Q	13K	Z11	5T	8R	17X	9D	1Y	I4
答案	9	9	4	4	7	5	2	4	8	1	9	3	9	4	4
题目	F33	T38	27P	22D	Z21	C16	31M	24W	35H	Y37	D33	28X	33T	29O	F39
答案	8	6	1	1	7	2	3	4	4	9	6	7	9	1	5
题目	13B	G15	22X	28S	34Q	37N	9W	14J	28F	32D	37W	H34	K25	18B	I24
答案	6	4	9	3	5	8	5	4	8	9	0	9	5	3	9
题目	36X	31O	25C	23P	40H	36F	V39	4D	15K	30S	24Y	21J	H25	15X	33I
答案	9	7	9	7	8	8	9	6	2	7	4	5	1	9	5
题目	24F	28W	36G	39Q	R31	T34	H37	X32	K27	33X	29F	27X	32H	D37	T18
答案	4	2	7	2	4	6	1	5	7	3	6	9	8	9	0
题目	N19	16W	14K	30F	26J	I19	28P	29W	32D	4Z	30C	27J	37F	C31	Y34
答案	9	6	5	5	2	3	9	2	9	0	3	3	8	5	7
题目	26L	21K	F28	S32	26O	24R	19X	16T	12K	38S	D39	35K	Z37	S35	H29
答案	4	9	5	5	8	2	2	3	6	4	1	9	1	7	3
题目	T26	M20	Q27	D35	31P	22K	37P	25I	34D	29J	18C	Y25	31O	22F	17P
答案	7	4	5	1	9	9	8	6	3	4	3	0	7	5	7
题目	27T	32F	40S	W39	B31	J28	A24	17K	R23	T26	30P	23N	16Q	29Y	K24
答案	4	7	6	4	7	8	1	4	7	7	4	9	2	9	5
题目	40F	X31	23K	C22	31I	24X	M26	R30	37G	B40	C11	D19	T26	Q34	39P
答案	3	8	4	3	6	3	1	1	8	1	8	8	7	5	2
题目	37A	31X	H27	D31	34I	Y28	C25	W19	S23	N28	P25	C21	25W	D31	S19
答案	1	8	6	5	7	2	9	3	0	9	5	2	5	3	3
题目	K23	J28	40I	39H	L28	F24	29S	34B	Y38	V23	P20	19F	X22	S26	H24
答案	9	8	4	5	5	4	8	5	3	5	6	5	9	3	1

 ## 第五项　注意力测试　　听觉测试

要求： 家长慢速而清晰地读第一句，学生听完后，重复背诵第一句，家长再读第二句，学生背诵……每句话家长只能读一次，直至学生出现错误为止。把正确重复的句子数写到训练报告表中。

教材：

1. 小华打电话。

2. 小华晚上打电话。

3. 小华晚上在家里打电话。

4. 小华晚上在家里用手机打电话。

5. 小华晚上在家里用爸爸的手机打电话。

6. 小华晚上在家里用爸爸的手机给奶奶打电话。

7. 小华晚上在家里用爸爸的手机给住院的奶奶打电话。

8. 小华晚上在家里用爸爸的手机给在北京住院的奶奶打电话。

9. 小华晚上在家里用爸爸的手机给在北京住院陪爷爷的奶奶打电话。

10. 小华晚上在家里用爸爸的手机给在北京住院陪爷爷治病的奶奶打电话。

11. 小华晚上在家里用爸爸的手机给在北京住院陪爷爷治病的奶奶打长途电话。

12. 小华晚上在家里用爸爸的手机给在北京住院陪爷爷治病的奶奶打长途慰问电话。

第 1 日评估

项　目	正确率 所占比例	效率 （高、中、低）	与前次相近题 比较（进、退）	情　绪
1.静坐				
2.注视一点不动				
3.数出几个指定数字的数目				
4.视觉测试				
5.听觉测试				

说明： 此评估是对学生每日训练情况的大体总结。"正确率所占比例"、"效率"、"与前次相近题比较"几项只能是大概估计，不可能有精确的数字表述。情绪一项一般也只能用饱满、稳定、愉悦、浮躁、急躁、不稳定、心不在焉、应付或厌倦等来表示。

第 **2** 日

 **第三项　听觉集中**　　**数出几个指定汉字的数目**

要求：家长读故事《缇萦为父伸冤》，学生数出指定汉字（"的""人"）各有几个，并将答案写到训练报告表中。因为故事较长，所以数同一个字读两遍故事，数两个字，就读四遍。家长读故事前先提醒学生要数"的"，然后较慢速读故事，待读完一、二遍后，让学生把共有几个"的"的数目写在训练报告表中。然后，再读第三、四遍故事，学生数下一个字"人"……

注意：标题中的字也在计算之列。

教材：

缇萦为父申冤

　　西汉时，临淄人淳于意是太仓县长，又是一位医术高明的医生，很受当地百姓的爱戴。后来不幸被人诬告，将被解往京城长安受刖刑。

　　淳于意只有五个女儿，当他被押解准备上路时，小女儿缇萦毅然打点行李，跟随父亲一同上路："父亲，我护送您上京，路上尽心照顾您。"

　　一路上，她细心照料父亲，连押解的差人都夸奖她是个孝女。就这样，平安到达了长安。

　　到长安后，她又冒死上书汉文帝："我的父亲为官清廉，行医有术，很得人心。不料遭人诬陷，将要受到刖刑（肉刑），即使不死也会落得终身残废。我愿入宫当奴婢为父亲赎罪。使他以后还能有机会为国家做贡献。"

　　汉文帝见到她的奏书后，深受感动，便答应了她的请求，下令赦免了淳于意。同时下令废止肉刑，使犯罪的人有改过自新的机会。

答案：　"的" =7　"人" =6

第五项 听觉分辨　找出两句话中不同的词组

要求：家长将某题两个句子读完，再读两遍（每题读三遍）。学生听清楚后把两句话中不同的三对词组写在训练报告表中。

教材：

1 题．●没有任何动物比蚂蚁更勤奋，然而它却最沉默。

　　　●没有什么动物比蚂蚁更勤劳，然而它却最静默。

2 题．●荣誉不能寻找，任何追求荣誉的做法都是徒劳的。

　　　●荣誉不能找寻，任何盗取荣誉的做法都是愚蠢的。

3 题．●知识是宝石，如果用谦虚来镶边，就会更加灿烂夺目。

　　　●知识是钻石，如果用谨慎来镶边，就会更加灿烂辉煌。

4 题．●无论乌鸦怎样用孔雀的羽毛来装饰自己，乌鸦毕竟是乌鸦。

　　　●无论乌鸦怎样用百灵的声音来掩饰自己，乌鸦毕竟是乌鸦。

答案：1 题．任何—什么，勤奋—勤劳，沉默—静默

　　　　　2 题．寻找—找寻，追求—盗取，徒劳—愚蠢

　　　　　3 题．宝石—钻石，谦虚—谨慎，夺目—辉煌

　　　　　4 题．孔雀—百灵，羽毛—声音，装饰—掩饰

第 2 日评估

项　目	正确率 所占比例	效率 （高、中、低）	与前次相近题 比较（进、退）	情　绪
1. 静坐				
2. 扫视直线				
3. 数出几个指定数字的数目				
4. 读数字				
5. 找出两句话中不同的词组				
6. 按数序在图中找到各数				

第3日

 **第三项　听觉集中**　　数出几个指定数字的数目

要求：家长读数列，学生数出指定数字（"0"，"1"，"7"，"5"）各有几个，并将答案写到训练报告表中。读数列的要求请参见第 1 日第三项。

教材：

72458　70066　06315　58817　48815　20920　96282　92540　91715　36436
78925　90360　01133　05305　48820　46652　13941　46951　94151　16094

答案："0"=13，"1"=13，"7"=5，"5"=12

 **第五项　听觉分辨**　　边听故事边在词组中寻找听到的词组

要求：请学生看着训练报告表中的词组：漂亮，吩咐，市场，家具，师傅，交涉，交易，买卖，奴隶，转眼，听着家长读故事。当看到与听到故事中相同的词组时，即刻把它划出来，并将其写在后面的报告表中。

教材：

瓦匠和驴

从前有一个富翁，打算举行一个大会，便吩咐他的仆人说："我需要一些瓦器，在大会上用。你到市场上去雇一位瓦匠师傅来。"

于是，仆人就去到市场上，看见一位瓦匠正用驴子驮着很多瓦器，要在市场上卖。可是突然间，驴子绊倒，把瓦器全打破了。瓦匠急得直哭。

仆人走过去安慰他，他边哭边说："我辛苦了好几年，才做完这些瓦器。本打算在市场上卖个好价钱，可是这可恶的驴子转眼之间就把我的瓦器全打破了。"

仆人听了这话，十分高兴，心里想："这个驴子真是好东西，瓦匠师傅费了那么多时间做成的东西，它一转眼就能全部打破。我今天应该买下这驴子。"

他和瓦匠交涉这件事情，瓦匠高高兴兴地把驴子卖给了仆人。

仆人骑着驴子回到家里。主人问他："你为什么不带一位瓦匠回来？要这头驴子干什么？"

仆人回答说："这驴子可比瓦匠师傅强。瓦匠费了好长时间做成的瓦器，它转眼之间就能把它们打破。"

答案：吩咐，市场，师傅，交涉，转眼

第六项　视觉分辨　　找出与众不同的一个图

要求：请学生仔细观察各图形的细微差别，可以将图形旋转，找出与众不同的一个。

答案：

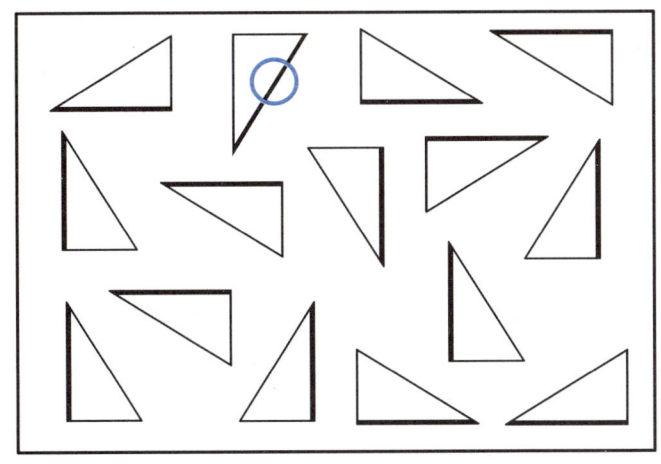

图1

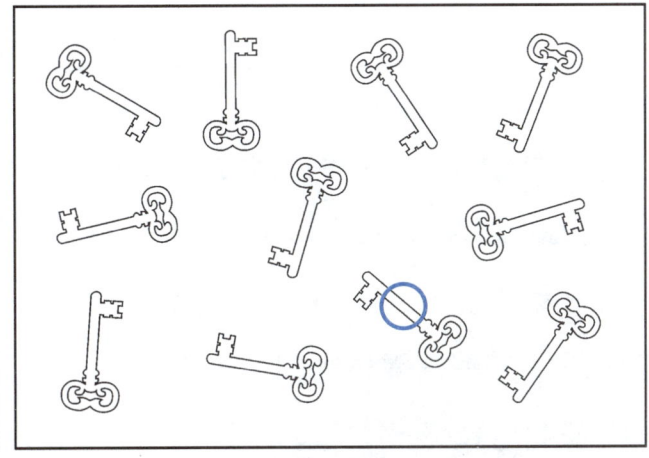

图2

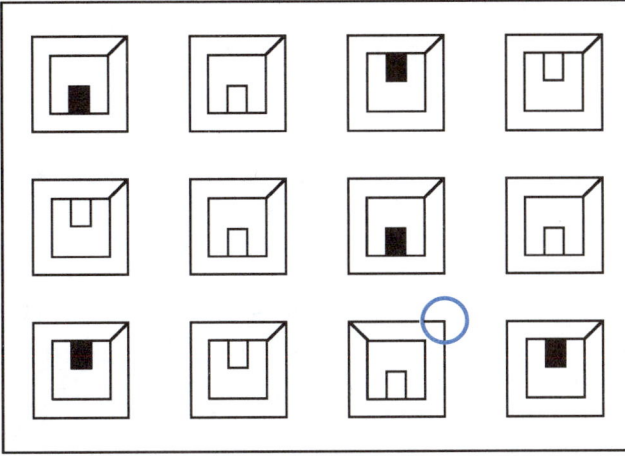

图3

图4

第 3 日评估

项　目	正确率 所占比例	效率 （高、中、低）	与前次相近题 比较（进、退）	情　绪
1. 静坐				
2. 扫视直线				
3. 数出几个指定数字的数目				
4. 填写缺失的数字				
5. 边听故事边在词组中寻找 听到的词组				
6. 找出与众不同的一个图				

第 4 日

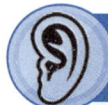 **第三项　听觉集中**　**数出几个指定汉字的数目**

要求：家长读故事《匡衡凿壁偷光》，学生数出指定汉字（"书"，"家"）各有几个，并将答案写到训练报告表中。数同一个字，读两遍故事。数两个字，读四遍。

教材：

匡衡凿壁偷光

匡衡幼年时期就很喜爱读书，但是家里贫穷，买不起蜡烛，他读书只能读到黄昏日落，便遗憾地收起书来。

这天，正当他合上书时，突然感到不知从哪里射来了微弱的光亮。寻找之下，发现是邻家烛光从破墙缝隙中射过来的。

他把缝隙凿大，一束光射了过来，匡衡高兴极了。他拿着书就着光束一直看到邻家熄灯。

解决了天黑读书的问题,但解决不了的是,家里仅有的几本书,他都读得滚瓜烂熟,倒背如流了。到哪里去找书呢?

匡衡终于打听到乡里一家姓文的人家藏书很多,为了读书,匡衡到了文家,提出在他家做帮工,只干活不要工钱。待姓文的弄明白匡衡的意图时,很感动,便一口答应了他的要求。

就这样,匡衡白天做工,晚上借着邻家的灯光读从文家借来的书。他认真刻苦,用了几年时间,已将文家的藏书读完。

勤学苦读,匡衡的学问进步很快,后来成为西汉时期的经济学家、文学家,还当过宰相。对《诗经》有着极深的造诣,为后人所称颂。

答案:"书"=12,"家"=13

第五项 听觉转移 按词组的分类画符号

要求:家长按顺序读40个词组,当学生听到词组属于"快乐心情"类时,在相应的格子内画符号"√"。

教材:

1 √	2	3	4	5 √	
11	12	13	14	5	16
21	22	23	24	25	26
31	32	33	34	35	36

兴奋	怒发冲冠	欢声笑语	张冠李戴	伤心欲绝
快乐	守株待兔	开心	痛不欲生	悲从中来
望尘莫及	手舞足蹈	暴跳如雷	痛哭流涕	高兴
滥竽充数	兴高采烈	大发雷霆	悲哀	火冒三丈
叶公好龙	怒目瞪视	生气	快活	对牛弹琴
欢天喜地	喜气洋洋	掩耳盗铃	欢喜	以泪洗面
眉开眼笑	潸然泪下	熟能生巧	喜出望外	发怒
道听途说	欢笑	勃然大怒	伤心	心花怒放

答案：

1	2 √	3	4	5 √	6	7 √	8	9	10
11 √	12	13	14 √	15	16 √	17	18	19	20
21	22	23 √	24	25 √	26 √	27	28 √	29	30
31 √	32	33 √	34	35	36 √	37	38 √	39 √	40

第六项　视觉分辨　　数相同图形的数目

要求：请学生在图中数出相同图形的数目，并将答案写到图下面的空格内。

答案：

1	2	3	4	5	6	7	8	9
15	17	17	19	18	15	15	18	16

第 4 日评估

项　目	正确率 所占比例	效率 （高、中、低）	与前次相近题 比较（进、退）	情　绪
1. 静坐				
2. 扫视直线				
3. 数出几个指定汉字的数目				
4. 读文章《弟子规》				
5. 按词组的分类画符号				
6. 数相同图形的数目				

第 5 日

第三项 听觉集中 **数出几个指定数字的数目**

要求：家长读数列，学生数出指定数字（"2"，"4"，"6"，"9"）各有几个，并将答案写到训练报告表中。读数列的要求请参见第 1 日第三项。

教材：

72458　70066　06315　58817　48815　20920　96282　92540　91715
36436　78925　90360　01133　05305　48820　46652　13941　46951
94151　16094

答案： "2"=9，"4"=10，"6"=11，"9"=10

第四项 视觉分辨 **数叠加图形中相同图形的数目**

要求：请学生在图中找出相同图形，数出相同图形的数目。并将答案写到标准图右边的空格内。

答案：

图 1：⌣ 12　✧ 7　○ 8　□ 7　⁄ 8

图 2：◇ 8　△ 7　✛ 8　◎ 8　▱ 6　△ 5

第五项 听觉分辨 **找出三句话中相同的词组**

要求：家长将某一题中的三个句子读完，再读两遍（每题读三遍）。学生听清楚后把三句话中相同的三个词组写到训练报告表中。

教材：

1题．●语言作为工具，对于我们人类之重要，就好像骏马对于骑士之重要。

　　●骑士用人类的语言对他的马说话，他的马也能够懂得主人的意思，

只是不会说话而已。

●马的语言只有骑士懂得，但人类的语言，是每个有生命的人都能够懂得的，只是有母语的区别而已。

2 题．●台风席卷而来，飓风暴雨，在一夜之间，将整个村庄变成一片白茫茫的汪洋。

●漫天漫地倾下了如注的暴雨，天空、大地、高楼、街道……整个城市都沉浸在一片白茫茫中。

●暑期去了白洋淀，一片白茫茫的芦苇花充满了整个视野。暴雨过后，芦苇都耷拉了头，但过不久，又都挺立起来。

3 题．●现在装修已经不再时兴铺地毯，而改用铺木制地板。铺好地板的房间，看上去，确有清新的感觉。

●足球场上绿茵茵的草地，真像一块大地毯，漂亮而又有一种清新的气味。躺在草地上，心旷神怡的感觉油然而生。

●家乡的早晨，空气清新，初升的太阳照耀着田野，草叶上闪烁的露珠，像一颗颗宝石，镶嵌在那块绿色的地毯上。回家的感觉真好！

答案：1 题．人类，语言，骑士　2 题．暴雨，白茫茫，整个
3 题．地毯，清新，感觉

第 5 日评估

项　目	正确率 所占比例	效率 （高、中、低）	与前次相近题 比较（进、退）	情　绪
1. 静坐				
2. 扫视折线				
3. 数出几个指定数字的数目				
4. 数叠加图形中相同图形的数目				
5. 找出三句话中相同的词组				
6. 填写缺失的汉字和拼音				

第 6 日

第三项　听觉集中　　数出几个指定汉字的数目

要求：家长读故事《布鲁塞尔的铜像》，学生数出指定汉字（"的"，"他"）各有几个，并将答案写到训练报告表中。数同一个字，读两遍故事。数两个字，要读四遍。

教材：

布鲁塞尔的铜像

比利时首都布鲁塞尔市中心广场附近，有一座小孩子的铜像。你看他在干什么呢？原来他在撒尿。他是调皮的孩子吗？为什么会把撒尿的不甚雅观的行为立为一座像呢？

其实，他是比利时的小英雄，名字叫于连。

在五百多年前的一个夜晚，布鲁塞尔的人民正在庆祝胜利，因为他们赶走了侵略者。

可就在大家庆祝胜利的这个时刻，有个坏蛋乘机溜进了市政厅的地下室，在那里堆放了许多火药，并把导火线拉到外面的小院子里，准备用火药炸毁这座美丽的城市。

当坏蛋把导火线点着后，燃烧的导火线被正在院子里玩耍的小于连发现了，他知道应该用水来扑灭它。可在这个紧急时刻，到哪里去找水呢？而且，即使找到水，再拿来也已经来不及了。

小于连急中生智，立刻向火花上撒了一大泡尿。火花熄灭了，布鲁塞尔得救了。

为了永远纪念他，人们塑了这座铜像。

现在，这座铜像吸引了世界各地的游客，许多国家的人民送来了最漂亮的衣服。这些衣服够他一天换几十套呢？

当然，铜像喷出的，不是小孩的尿，而是一股清凉的泉水。

答案："的"=20，"他"=8

 **第五项 听觉转移** **听写混合答案**

要求：家长读完一个问题中的三个小问题后，学生再将 3 个答案一次性写到训练报告表中。

教材：

1 题．3X=25-1 X= ？

2 题．"张"字有几画？

3 题．写出砖头的 5 种用途？

答案： 1 题．X = 8。

2 题．"张"字有 7 画。

3 题．略。

第 6 日评估

项 目	正确率 所占比例	效率 （高、中、低）	与前次相近题 比较（进、退）	情 绪
1. 静坐				
2. 扫视折线				
3. 数出几个指定汉字的数目				
4. 按数序在图中找到各数				
5. 听写混合答案				
6. 读倒写的故事				

第 7 日

第三项 听觉集中 数出几个指定数字的数目

要求：家长读数列，学生数出指定的两位数字（"19"，"12"，"56"，"87"）各有几个，并将答案写到训练报告表中。读数列的要求请参见第 1 日第三项。

教材：

12019　95619　21290　21960　56403　44121　56812　61987　48712

01956　56878　72123　41919　19873　19870　41956　05873　12328

12056　31856

答案："19"=10，"12"=8，"56"=8，"87"=7

第四项 视觉分辨 数相同图形的数目

要求：请学生数出相同图形的数目，并将答案写到图下面的空格内。

答案：

+	−	×	÷	=	<	>
28	29	24	25	15	13	16

第五项 听觉集中 记录数列中按数序排列缺失的数字

要求：家长读一个数列，学生找到数列中按数序排列缺失的数字，将答案写在训练报告表中。

教材：

1 题．37，38，39，41，42，43，44，47，48，51，52，53，54，55，56

2 题．66，65，64，63，62，61，59，57，56，55，53，52，50，49，47

3 题．55，56，57，58，61，62，63，64，65，66，67，68，71，72，74

4 题．88，87，85，84，83，82，81，78，77，76，75，74，72，70，69

答案：1题．40，45，46，49，50
　　　2题．60，58，54，51，48
　　　3题．59，60，69，70，73
　　　4题．86，80，79，73，71

 **第六项　视觉集中**　**拼读汉语拼音并写出相应的汉字**

要求： 请学生拼读汉语拼音，并在下列空行中写出相应的汉字。但因为汉字中同音字很多，所以答案并非只有一个。

参考答案：

闭　北　崩　病　变　婆　炮　攀　胖　乒　骗　妈　毛　满　忙　棉　敏
佛　饭　缝　肥　大　低　倒　蛋　灯　特　体　推　套　毯　汤　那　努
女　耐　妞　能　乐　驴　炉　赖　柳　聊　故　鬼　告　干　杠　库　凯
靠　昆　坑

第 7 日评估

项　目	正确率所占比例	效率（高、中、低）	与前次相近题比较（进、退）	情　绪
1. 静坐				
2. 扫视折线				
3. 数出几个指定数字的数目				
4. 数相同图形的数目				
5. 记录数列中按数序排列缺失的数字				
6. 拼读汉语拼音并写出相应的汉字				

第 8 日

第三项　听觉集中　　数出几个指定汉字的数目

要求：家长读故事《宴殊要求重新出题》，学生数出指定汉字（"试"，"的"）各有几个，并将答案写到训练报告表中。数同一个字，读两遍故事。数两个字，读四遍。

教材：

宴殊要求重新出题

宴殊是北宋著名词人。他聪明好学，七岁时就能写一手好文章。14 岁时被作为神童推荐给皇上宋真宗。当宴殊去到开封时，朝廷正在准备举行科举考试。真宗为了试试宴殊的才学，便下旨要宴殊一起参加会试。

当宴殊进入考场，试卷发下来后，一看题目，正巧是自己做过的。宴殊想，如果把做过的文章重新写出来，必定会成为佳作，就能够金榜题名。不过他认为做人要诚实，自己决不能做那种投机取巧的事而使良心不安。于是他就在试卷上写明此试题自己曾经做过，旧题重做既不能反映自己的真正水平，又有欺君之嫌。要求皇帝给他另出新题。

宋真宗知道后，很是赞赏宴殊的诚实坦白，便又给他另出了一个新的题目。

宴殊拿到新题，思考了一会，拿起笔一口气写了下去。很快，一篇文辞优美、气势不凡的文章就写了出来。

真宗皇帝看到宴殊的文章，很为赞赏，他感到宴殊不仅有真才实学，是个神童；特别让人赞叹的是他具有诚实的高尚品质，真是一个难得的人才。

"好！"皇上此时心花怒放，提笔写下三个字："赐及第"。

很快，14 岁的宴殊被皇上选中进士的消息，就传遍了京城。

答案："试"=7，"的"=14

 **第五项　听觉分辨**　　**找出两句话中不同的词组**

要求：家长将某题中的两个句子读完，再读两遍（每题读三遍）。学生听清楚后把不同的三对词组写在训练报告表中。

教材：

1 题．● 赞美好事是好的，但对坏事加以赞美则是一个骗子或是奸诈的人。

　　　● 赞美好事是对的，但对坏事加以赞美则是一个小人或是狡诈的人。

2 题．● 爱说谎话的人所能够得到的，只能是说了真话，也没有人相信的结果。

　　　● 爱说谎言的人所能够得到的，只能是说了实话，也没有人相信的后果。

3 题．● 不要常把自己看作是一颗珍珠，因为那会使自己感到怕被人埋没的痛苦。

　　　● 不要常把自己看作是一颗钻石，因为那会使自己感到怕被人忽视的难堪。

4 题．● 友情种植在爱的土壤中，它的主干是信义。信义要在苦难中，方能显示出它的真实价值。

　　　● 友情种植在爱的土壤中，它的主干是信义。信义要在患难中，方能表现出它的宝贵价值。

答案：1 题．好—对，　　　骗子—小人，　　奸诈—狡诈

　　　2 题．谎话—谎言，　　真话—实话，　　结果—后果

　　　3 题．珍珠—钻石，　　埋没—忽视，　　痛苦—难堪

　　　4 题．苦难—患难，　　显示—表现，　　真实—宝贵

 **第六项　视觉分辨**　　**数出有多少个指定的数字**

要求：请学生在数字表中数出有多少个"65"。

答案：　"65" = 32 个

8165446032433652433386356560732428926365
4338242834500334653956065657480632678860
16546889334389655346384215326346546733806
2254906567783258621258314285643873532466463
6539936087246926980744336606539827946264 5279

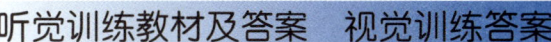

第 8 日评估

项　目	正确率 所占比例	效率 （高、中、低）	与前次相近题 比较（进、退）	情　绪
1. 静坐				
2. 扫视折线				
3. 数出几个指定汉字的数目				
4. 填写缺失的汉语拼音				
5. 找出两句话中不同的词组				
6. 数出有多少个指定的数字				

第 **9** 日

 **第三项　听觉集中** **数出几个指定数字的数目**

要求：家长读数列，学生数出指定的两位数字（"36"，"79"，"21"，"62"）各有几个，并将结果写到训练报告表中。读数列的要求请参见第 1 日第三项。

教材：

98336　79362　14365　62436　86221　39794　63652　14736　19070

21798　67943　62279　05362　12136　79217　97923　62679　21836

36794　62136

答案： "36" =13 ， "79" =10 ， "21" =9 ， "62" =7

 **第四项　视觉分辨** **找出与众不同的一个图**

要求： 请学生仔细观察各图形的细微差别，可以将图形旋转，找出与众不同的一个。

答案：

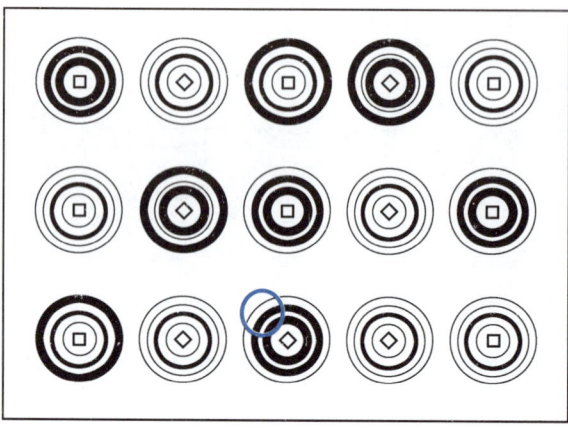

图 1

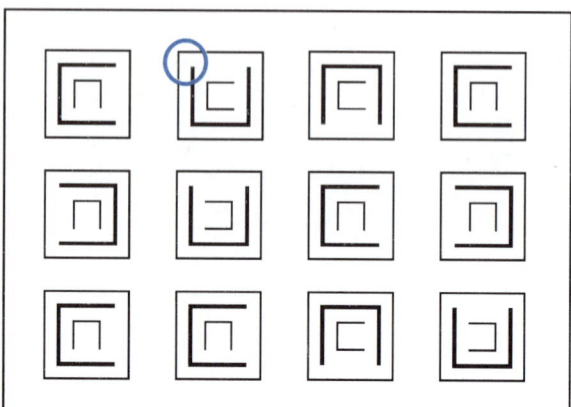

图 2

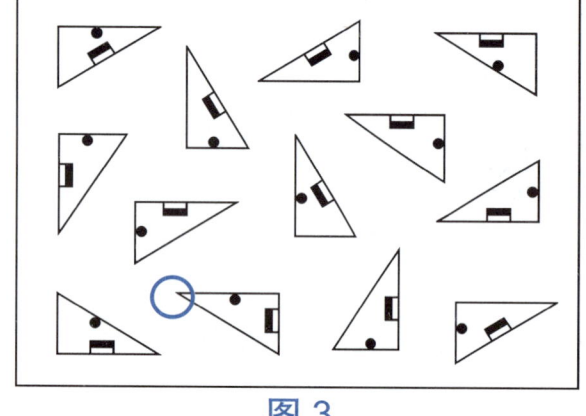

图 3

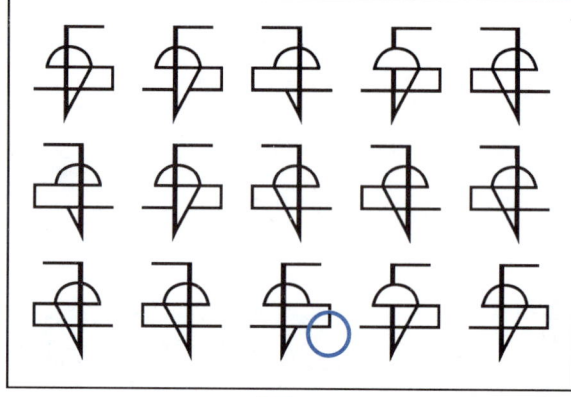

图 4

第五项　听觉记忆 **写出混合式列中的词组**

要求： 家长读一段词和数字混合的式列，学生努力记住式列中按读的顺序排列的词组，并按顺序写到训练报告表中。

教材：

1 题．58　32　旅游　爬山　45　71　长城　45　24　登高　11　望远

2 题．玉米　37　大豆　9　18　高粱　24　6　40　小麦　水稻　66

3 题．21　暑期　31　放假　41　夏令营　52　行军　63　野炊　65　漂流　67　71

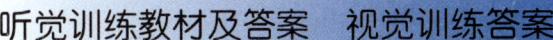

4题．下雪 71 雪花 雪人 67 寒冷 65 63 烤火 52 温暖 48 47 45

答案：1题．旅游 爬山 长城 登高 望远
　　　2题．玉米 大豆 高粱 小麦 水稻
　　　3题．暑期 放假 夏令营 行军 野炊 漂流
　　　4题．下雪 雪花 雪人 寒冷 烤火 温暖

第9日评估

项 目	正确率 所占比例	效率 （高、中、低）	与前次相近题 比较（进、退）	情 绪
1. 静坐				
2. 扫视折线				
3. 数出几个指定数字的数目				
4. 找出与众不同的一个图				
5. 写出混合式列中的词组				
6. 读没有逻辑关系的莫名文章				

第 **10** 日

 **第三项　听觉集中** **数出几个指定汉字的数目**

　　要求：家长读故事《王僧儒抄书养母》，学生数出指定汉字（"僧儒"，"小"）各有几个，并将答案写到训练报告表中。数同一个字，读两遍故事。数两个字，读四遍。
　　教材：

王僧儒抄书养母

　　南北朝有位大学者王僧儒，家中藏有万卷书，是当时藏书最多的三位名士之一。

王僧儒出生在山东郯城一个衰败的家庭中，小时候，家里很穷。虽然小僧儒十分好学，但家里无力供他读书，也没有多余的钱给他买书。

小僧儒找到家中原有的一些残破的书，把它们订好，就用这些旧书认字。渐渐地，小僧儒认的字越来越多，在五岁的时候，就可以读"诸子百家"的书，六岁时可以写一些小文章。

由于读的书多，小僧儒说话很有分寸，懂规矩又孝顺。邻里朋友都夸他是个知书达理，谨记孝义的孩子。郯城人都认为他是个聪敏超群的小才子。

但是后来，小僧儒家中连遭灾难，父亲也不幸去世。父亲去世后，家里更加贫穷，经常处于"吃了上顿没下顿"的状况。小僧儒常见母亲暗自垂泪，心里也很为着急。

聪明的小僧儒想到一个能够帮助母亲生活的方法，他去一些官宦和富裕的人家，询问他们要不要雇他抄书。很多人都知道小僧儒是个小才子，又因为小僧儒的字写得很好，所以不少人乐意让他抄书。小僧儒就这样一边抄书，一边读书，用这种方法，他读了很多书，母亲也靠他抄书得来的钱生活。

小僧儒抄书养母的事情慢慢传开，郯城方圆百里的人都很敬重这个孝顺又聪慧的才子。后来朝廷听说了王僧儒的名声和事迹，召他进京，当了朝廷的官员，一直做到左丞相。

答案："僧儒"=15，"小"=15

 **第四项 视觉分辨** 数相同图形的数目

要求：请学生在图中数出相同图形的数目，并将答案写到图下面的空格内。

答案：

中	申	甲	由	电	田	白	百
23	18	15	17	23	18	15	21

第五项　听觉分辨　　找出三句话中相同的词组

要求：家长将某一题中的三个句子读完，再读两遍（每题读三遍）。学生听清楚后把三句话中相同的三个词组写到训练报告表中。

教材：

1题．●在今天和明天之间有着一段很长的时间，趁着你还有精神的时候，学习迅速地办事。

●我去学习跆拳道，看到学员们一个个都是精神抖擞，动作到位、出拳和踢脚果断、准确而又迅速。

●爸爸办事很迅速，而且在做事时，总是精神集中，情绪饱满，我觉得我一定要学习他的工作态度和方法。

2题．●小草在微风的吹动下，轻柔地舞动。恍惚中，好像听到她低吟着幸福的诗句。

●恍惚的梦中，我好像回到了童年，妈妈轻柔地抚摩着我，我全身沉浸在幸福的感觉中。

●晚上，在轻柔的灯光下，我在读小说。恍惚中，我似乎进入了小说的世界，体会着主人公的幸福。

3题．●走在乡间小路上，忽地看到一条长长的蛇，盘在地上，我的呼吸瞬间凝滞了，不知该怎样绕过去，才不会惊动它。

●奶奶说，她在年轻的时候，长长的辫子几乎垂到地上。"不过那是过去的事情了，现在大家兴的是短发。"奶奶说。

●狗趴在地上，吐着长长的舌头；知了有气无力地叫着，空气凝滞了；了无生气的大地被热雾罩着。酷暑什么时候才能过去呀？

答案：1题．迅速，精神，学习
　　　2题．轻柔，恍惚，幸福
　　　3题．长长的，地上，过去

第 10 日评估

项　目	正确率 所占比例	效率 （高、中、低）	与前次相近题 比较（进、退）	情　绪
1. 静坐				
2. 扫视折线				
3. 数出几个指定汉字的数目				
4. 数相同图形的数目				
5. 找出三句话中相同的词组				
6. 填写缺失的汉字和符号				

第 11 日

 **第三项　听觉集中**　　　**数出几个指定数字的数目**

要求：家长读数列，学生数出指定的两位数字（"87"，"56"，"90"，"13"）各有几个，并将答案写到训练报告表中。读数列的要求请参见第 1 日第三项。

教材：

56821　34904　28755　66873　13565　62871　38735　67875　90569
05687　18756　90562　13132　68756　19001　39787　56131　35909
95642　90187

答案： "87" =10， "56" =12， "90" =7， "13" =8

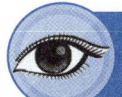 **第五项　听觉转移**　　**按词组的分类画符号**

要求：家长按顺序读 40 个词组，当学生听到词组属于"人物个性"类时，在相应的格子内写"1"，属于"自然地貌"类时，在相应的格子内写"2"。

教材：

懒惰	沙漠	复印机	暴躁	电脑	草原	勤劳	恶毒	打印机	火山
冰川	善良	森林	碎纸机	自私	轻浮	高山	宽容	高原	诚实
软弱	峡谷	传真机	刻薄	湖泊	稳重	热带雨林	阴险	盆地	虚伪
坚强	江河	狡猾	瀑布	慷慨	平原	印台	丘陵	仁义	小溪

答案：

1 ₁	2 ₂	₃	1 ₄	₅	2 ₆	1 ₇	1 ₈	₉	2 ₁₀
2 ₁₁	1 ₁₂	2 ₁₃	₁₄	1 ₁₅	1 ₁₆	2 ₁₇	1 ₁₈	2 ₁₉	1 ₂₀
1 ₂₁	2 ₂₂	₂₃	1 ₂₄	2 ₂₅	1 ₂₆	2 ₂₇	1 ₂₈	2 ₂₉	1 ₃₀
1 ₃₁	2 ₃₂	1 ₃₃	2 ₃₄	1 ₃₅	2 ₃₆	₃₇	2 ₃₈	1 ₃₉	2 ₄₀

第 11 日评估

项　目	正确率 所占比例	效率 （高、中、低）	与前次相近题 比较（进、退）	情　绪
1. 静坐				
2. 扫视折线				
3. 数出几个指定数字的数目				
4. 按数序在图中找到各数				
5. 按词组的分类画符号				
6. 读数字				

第 12 日

 **第三项　听觉集中**　　**数出几个指定汉字的数目**

要求： 家长读故事《用墙壁练字》，学生数出指定汉字（"字"，"写"）各有几个，并将答案写到训练报告表中。数同一个字，读两遍故事。数两个字，读四遍。

教材：

用墙壁练字

颜真卿是我国唐朝伟大的书法家。

颜真卿刚刚三岁时，他的父亲突然因病去世了，剩下他和母亲艰难度日。他的母亲是一位既善良又坚强的女子，生活虽然艰难，她要求孩子却十分严格。颜真卿从四岁起就开始学习写字，到五六岁的时候，他对写字已经产生了浓厚的兴趣。

由于家中贫苦，母亲没有钱供给他买纸墨来练习写字。小真卿善解人意，理解母亲的苦衷，他没有要求母亲，而是自己去想办法解决练习写字的问题。

小真卿没有告诉母亲，他独自跑到外面挖了很多黄土回来，用水把黄土搅和成稀泥，再把自己家的墙壁擦得干干净净，然后用刷子蘸了稀泥在墙壁上练字。每当把整个墙壁完全写完后，就用水把墙壁冲刷干净，再接着写。

小真卿练字非常认真，她的母亲看见孩子这么用心，也很宽慰，经常指点他，所以他的进步也非常快。

小真卿每天要坚持写几墙壁的字，从不间断。最终，苍天不负有心人，他练就了一手好字，名扬四海。

答案： "字" =9，"写" =7

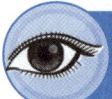 **第四项　视觉分辨**　　**数叠加图形中相同图形的数目**

要求： 请学生在图中数出相同图形的数目，并将答案写到标准图旁的空格内。

答案:

图 1

图 2

第五项 听觉分辨 找出两句话中不同的词组

要求：家长将某题两个句子读完，再读两遍（每题读三遍）。学生听清楚后把两句话中不同的四对词组写在后面的报告表中。

教材：

1 题．●今年的夏季特别热，尤其使人难受的是闷热，人们就像在蒸笼里被蒸的一样，喘不出气。

●今年的夏季非常热，特别使人难受的是闷热，大家就像在蒸锅里被蒸的一样，喘不出气。

2 题．●游泳池里挤满了人，像煮饺子一样，一不小心，不是撞到人，就是蹭到别人。好在大家都很客气。

●游泳池里挤满了人，像煮元宵一样，一不留神，不是碰到人，就是蹭到别人。好在大家都很讲理。

3 题．●春运期间，火车站内外都挤满了候车的旅客，人山人海，好像全市的人都要出去探亲旅游似的。

●春节期间，火车站里外都站满了候车的旅客，拥挤不堪，好像全市的人都要出去探亲旅游似的。

答案：1 题．特别—非常，尤其—特别，人们—大家， 蒸笼—蒸锅

2 题．饺子—元宵，小心—留神，撞—碰， 客气—讲理

3 题．春运—春节，内外—里外，挤满—站满， 人山人海—拥挤不堪

第 12 日评估

项　目	正确率 所占比例	效率 （高、中、低）	与前次相近题 比较（进、退）	情　绪
1. 静坐				
2. 扫视折线				
3. 数出几个指定汉字的数目				
4. 数叠加图形中相同图形的数目				
5. 找出两句话中不同的词组				
6. 填写缺失的数字				

第 **13** 日

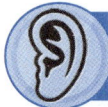

第三项　听觉集中　数出几个指定数字的数目

要求：家长读数列，数列由 10 组三位数组成。家长告诉学生此题要求数清楚此数列每一组三位数中的指定位数和具体要数的数字共有几个，并把答案写在训练报告表中。

例如："每个三位数中的个位数共有几个 4 ？"比起以前的题目增加了难度。学生一定要集中注意力，非常认真地听。家长在读数时要一组一组读，组与组之间要稍有停顿，以便听清楚每组的三个数字。读的时候只读数字 115、790……不能读作一百一十五、七百九十……要注意的是，此项训练的目的是要听清楚三位数中的百、十、个位数是什么数字，与普通算数教学中"读数"的概念不同。如普通教学中的"003"，只读"3"；而我们的训练中，要求听出百位是"0"、十位是"0"，个位是"3"。

这样做又进一步提高了听觉集中能力。

教材：

1 题 . 数出个位数是 5 的数有几个。

115　790　655　057　175　082　107　845　818　555　303　635　729

640　535　736　950　605　365　290　775　825　085　499　528　005

333　605　717　705

2 题 . 数出个位数是 8 的数有几个。

118　204　888　305　707　918　325　815　746　308　448　206　198

306　225　351　609　742　058　278　555　200　656　208　338　614

388　627　813　008

3 题 . 数出个位数是 2 的数有几个。

002　458　640　834　903　764　783　222　092　563　804　612　042

765　883　772　807　424　532　862　213　608　462　062　708　902

083　708　682　902

答案：1 题 . 15，2 题 . 12，3 题 . 13

 **第四项　视觉分辨**　　**数相同图形的数目**

要求：请学生在图中数出相同图形的数目，并将答案写到图下面的空格内。

答案：

f	d	p	q	t	b
21	27	27	26	21	28

 **第五项　听觉分辨**　　**边听故事边在词组中寻找听到的词组**

要求：请学生看着训练报告表中的词组：神秘，立刻，仓促，遥远，吩咐，珍宝，

珠宝，赏赐，寻找，奖赏，听着家长读故事。当看到与听到故事中相同的词组时，即刻把它划出来，并将其写在训练报告表中。

教材：

生长药

从前有一位国王，生了一个女儿，他把医生叫来，说道："给我药，让她吃了立刻长大。"

医生回答说："有一种好药，我要是给国王的女儿吃了，就能叫她立刻长大。但是现在仓促之间还没有，我必须要到很远的地方去拿。在药拿来之前，国王不能看女儿。等我给她服了药之后，我再把她带到国王的跟前，让您见她。"

于是，医生便到很远的地方去找药。

过了 12 年，医生把药取回来了。他把国王的女儿叫来，让她把药服下，然后带着她去见国王。

国王看见女儿，十分高兴。他心里想："这真是个好医生，给我的女儿吃了药，就叫她一下子长了这么大。"

国王便吩咐左右的人拿出许多珍宝，赏赐给这个医生。

答案：立刻，仓促，吩咐，珍宝，赏赐

第 13 日评估

项　目	正确率 所占比例	效率 （高、中、低）	与前次相近题 比较（进、退）	情　绪
1. 静坐				
2. 注视一点不动				
3. 数出几个指定数字的数目				
4. 数相同图形的数目				
5. 边听故事边在词组中寻找 　 听到的词组				
6. 读倒写的成语接龙				

第 14 日

 **第三项 听觉集中** **数出几个指定汉字的数目**

要求： 家长读故事《苏东坡写扇助人》，学生数出指定汉字（"苏轼"，"钱"）各有几个，并将答案写到训练报告表中。数同一个字，读两遍故事。数两个字，读四遍。

教材：

苏东坡写扇助人

苏轼在杭州任通判时，一天，在判案的过程中，知道被告张二是因为无力按期偿还所借的钱债，而让原告告到县衙的。

苏轼问被告："你欠原告绫绢钱二万，过期不还，可有此事？"

张二回答："确有此事。"

苏轼又问："你为何原因不能如期还债？"

张二说："我借他的钱买了绫绢，做成扇子卖，还做了不少。可是没想到，碰上了阴雨天，扇子积压卖不出去，因此不能如期还债。"

苏轼见他说话老实，不禁动了恻隐之心，便对他说："我有办法帮你把扇子卖出去还债，你马上回去拿些扇子来。"

当扇子拿来之后，苏轼在其中选了40把素绢扇子，一把一把打开，作画题词，最后落款："眉州苏轼"。画好后，交给张二，对他说："你拿去卖吧，足够偿还债款了。"

张二回家后，天也开始放晴，买扇子的人越来越多。当有人发现在张二这里买的扇子中，居然有大诗人、大书法家苏轼的字画时，都争相购买，如获至宝，甚至情愿出一千钱买一把。消息传开，名士、学子都争先恐后跑来买。不到三日，除了留下一把做纪念外，其他39把全部卖了出去。共得三万九千钱。不仅还清了债务，还余下一万九千钱。

张二喜不自胜，逢人便夸赞苏轼的恩德。

答案："苏轼"=8，"钱"=6

 第四项　视觉分辨　　找出不同部首的词组

要求： 请学生在汉字表中，划出"言"部、"口"部、"虫"部的词。

答案：

"言"部词语：16 个

"口"部词语：22 个

"虫"部词语：21 个

第五项　听觉集中　**记录数列中按偶数数序排列缺失的数字**

要求： 听家长读一个数列，学生将数列中按偶数数序排列缺失的数字写在训练报告表中。

教材：

1 题．2，4，6，8，12，14，16，18，22，26，28，32，34，36，40

2 题．56，54，52，50，46，44，42，38，36，30，28，26，24，22，18

3 题．52，54，56，62，64，66，68，72，76，78，80，82，84，86，90

4 题．88，86，84，82，80，76，72，70，68，62，60，58，56，52，50

答案：

1 题．10，20，24，30，38　　2 题．48，40，34，32，20

3 题．58，60，70，74，88　　4 题．78，74，66，64，54

第 14 日评估

项　目	正确率所占比例	效率（高、中、低）	与前次相近题比较（进、退）	情　绪
1. 静坐				
2. 扫视折线				
3. 数出几个指定汉字的数目				
4. 找出不同部首的词组				
5. 记录数列中按偶数数序排列缺失的数字				
6. 读文章《弟子规》				

第 15 日

第三项　听觉集中　　数出几个指定数字的数目

要求：家长读数列，学生数出数列所有三位数中指定的位数和具体要数的数字共有几个。

具体训练方法参见第 13 日第三项。

教材：

1 题．数出有几个十位数是 1 的数

215 907 111 618 790 506 211 614 331 554 812 910 441 562 016
001 815 726 017 951 258 631 015 351 060 331 218 941 616 418

2 题．数出有几个十位数是 9 的数

129 097 065 909 002 078 012 095 301 093 045 098 192 093 707
390 005 249 195 099 129 789 104 039 304 505 990 208 870 090

3 题．数出有几个十位数是 6 的数

607 260 196 753 126 063 652 814 606 256 921 465 367 582 738
719 469 160 264 666 107 169 045 107 188 676 209 128 195 968

答案：1 题．14，2 题．11，3 题．10

第五项　听觉分辨　　找出三句话中相同的词组

要求：家长将某一题中的三个句子读完，再读两遍（每题共读三遍）。学生听清楚后把相同的四个词组写到训练报告表中。

教材：

1 题．●有知识的人不实践，等于蜜蜂不酿蜜。

　　●一个人想去实践蜜蜂是如何酿蜜的，结果被蜜蜂蛰得很惨，他学的
　　　知识是空头知识。

●爷爷总是说，要我们学习蜜蜂酿蜜的精神，在学习知识时，要刻苦努力，还要勇于实践。

2题.●在健身馆里，大家一起在那里使劲地摇摆，弯腰，躺倒，再站起来。

●不倒翁一边摇摆一边对躺倒的橡皮泥娃娃说："你也站起来和我一样地摇嘛！"橡皮泥娃娃使劲地站起来，刚一摇，就弯腰倒下了。

●风对小树说，我一定要把你吹倒。小树坚强地说，我绝不会倒下。风就使劲地吹，小树开始摇摆，逐渐弯腰，但就在它躺倒的一瞬间，小树本身的反弹力使它一下子直立起来。风看到后，也就停止了继续吹。

3题.●刚生下来不久的小外甥，哭得稀里哗啦的，原来他饿了。看他吃奶辛苦的样子，觉得活着真是不容易，从小就这么累。

●住在对面的王姨除了吃饭，一天到晚都在打麻将。看她辛苦的样子，邻居们总是说，放着清闲日子不过，成天这么累，干什么？不过能天天坚持打，也不容易！

●方华钢琴弹得很好，经常得到大家的赞扬。有时奶奶会心疼地问："华华，整天练琴，辛苦不辛苦？"方华却总是高兴地笑着回答："不辛苦，我觉得弹钢琴挺容易的。您看我弹琴的样子像是累吗？"

答案：1题.蜜蜂，酿蜜，知识，实践　　2题.摇摆，躺倒，弯腰，使劲
3题.辛苦，容易，累，样子

第15日评估

项　目	正确率 所占比例	效率 （高、中、低）	与前次相近题 比较（进、退）	情　绪
1.静坐				
2.扫视折线				
3.数出几个指定数字的数目				
4.按数序在图中找到各数				
5.找出三句话中相同的词组				
6.填写缺失的汉字与汉语拼音				

第 16 日

 **第三项　听觉集中**　　数出几个指定汉字的数目

要求：家长读故事《小黄香扇枕暖被》，学生数出指定汉字（"黄香"，"亲"）各有几个，并将答案写到训练报告表中。数同一个字，读两遍故事。数两个字，读四遍。

教材：

小黄香扇枕暖被

黄香是东汉时代江夏安陆人。在当时的京城洛阳里就有赞誉黄香的话："天下无双，江夏黄香。"这"无双"包含了两层意义：他既是一位了不起的孝子，也是位智慧很高的神童。

黄香从小就孝顺父母，虽然家境不好，但黄香的童年是生活在一个充满爱的家庭里。

不幸在他九岁那年，母亲因病去世。在母亲生病期间，黄香一直侍奉左右。母亲去世后，万分悲痛的黄香就把一颗孝心完全倾注在父亲身上。

因为家境不好，父亲一天到晚都要在外面做工，因此所有的家务事就都落在了年幼的黄香身上。他每天天不亮就起来做早饭，打扫庭院。父亲醒来，饭菜已经摆在桌上；晚上回来，饭菜和洗澡水也都已准备好。

夏天来了，黄香总是在父亲睡觉前把草席枕头用扇子扇得凉凉的，然后再请父亲上床睡觉。父亲有时一觉醒来，看到黄香还在为他扇风；而冬天的夜晚，黄香每天都提前钻进父亲的被窝里，用自己的体温把父亲冰冷的被窝温得暖暖的，然后再让父亲安睡。

黄香的孝行慢慢传遍乡里，江夏的太守把 12 岁的他接到官署里，鼓励并送给他书和文具。从此黄香发奋读书，没有几年，他写的文章就字字珠玑，表露出他在文学方面过人的才华。后来，汉章帝盛赞他是一位了不起的孝子，更是一位出色的文学家。

他因博学多才和高尚的人品，自 20 岁起就在朝廷里供事，一直做到左丞相。

他忠于职守，爱护百姓，受到人民的爱戴。

答案："黄香"=14，"亲"=12

 **第四项　视觉分辨**　　**数相同图形的数目**

要求：请学生在图中数出相同图形的数目，并将答案写到图下面的空格内。

答案：

✚	▢	0	△	◯	✖
35	41	32	37	40	31

 **第五项　听觉记忆**　　**写出混合式列中的词组**

要求：家长读一段词和数字混合的式列，学生努力记住式列中按读的顺序排列的词组，并将词组按顺序写到训练报告表中。

教材：

1 题．41 神仙 饮酒 39 38 37 作诗 35 弹琴 唱歌 32 跳舞 31 29 醉酒

2 题．小河 木头 25 24 23 船 21 冬瓜 翅膀 18 大树 17 16 蛋糕 15 13

3 题．地板 橡皮 13 油漆 56 7 电话 81 书桌 庆祝 38 风筝 55 73 81 93

4 题．筷子 61 27 杯子 肥皂 8 49 54 西瓜 水桶 15 26 耳环 68 75 面粉

答案：1 题．神仙 饮酒 作诗 弹琴 唱歌 跳舞 醉酒
　　　2 题．小河 木头 船 冬瓜 翅膀 大树 蛋糕
　　　3 题．地板 橡皮 油漆 电话 书桌 庆祝 风筝
　　　4 题．筷子 杯子 肥皂 西瓜 水桶 耳环 面粉

 **第六项　视觉集中**　　**拼读汉语拼音并写出相应的汉字**

要求：请学生拼读汉语拼音，并在下边空行中，写出相应的汉字。

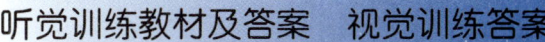
参考答案：

毫　喊　横　红　火　家　见　江　窘　取　清　恰　浅　穷　细　醒
霞　凶　向　走　尊　怎　咱　增　餐　岑　寸　从　错　岁　搜　扫　损
僧　送　追　着　准　正　抄　缠　蠢　唱　筛　勺　闪　顺　生

第 16 日评估

项　目	正确率 所占比例	效率 （高、中、低）	与前次相近题 比较（进、退）	情　绪
1. 静坐				
2. 扫视折线				
3. 数出几个指定汉字的数目				
4. 数相同图形的数目				
5. 写出混合式列中的词组				
6. 拼读汉语拼音并写出相应 　的汉字				

<h1 style="text-align:center">第 17 日</h1>

 第三项　听觉集中　　**数出几个指定数字的数目**

　　要求：家长读数列，学生数出数列所有三位数中指定的位数和具体要数的数字共有几个。具体训练方法参见第 13 日第三项。

　　教材：

　　1 题. 数出有几个百位数是 0 的数

007 038 190 205 808 222 590 400 550 209 571 246 975 035 010
805 310 770 000 505 601 303 009 119 304 114 110 005 920 407

2 题 . 数出有几个百位数是 7 的数

074 905 470 003 705 007 307 760 202 071 727 093 708 600 207
484 074 137 791 021 087 464 077 789 123 041 702 777 202 730

3 题 . 数出有几个百位数是 3 的数

135 582 290 734 357 176 641 524 033 400 297 348 301 315 183
328 937 213 463 398 709 353 313 163 055 331 070 383 489 373

答案：1 题 . 7， 2 题 . 9， 3 题 . 11

 **第四项　视觉分辨**　从纷乱的图中找出与标准图相同的图

要求：请学生在图中数出与标准图相同图形的数目。

答案：共有 20 个相同图形

 **第五项　听觉转移**　　**听写混合答案**

要求：家长读完一个问题中的三个小问题后，学生再将 3 个答案一次性写到训练报告表中。

教材：

1 题．7X-3=18　X＝？

2 题．"焉"字有几划？

3 题．写出 10 个有"白"字的词组？

答案：1 题．X=3。

　　　　2 题．"焉"有 11 画。

　　　　3 题．略。

第 17 日评估

项　目	正确率所占比例	效率（高、中、低）	与前次相近题比较（进、退）	情　绪
1. 静坐				
2. 扫视折线				
3. 数出几个指定数字的数目				
4. 从纷乱的图中找出与标准图相同的图				
5. 听写混合答案				
6. 填写缺失的汉语拼音				

第 18 日

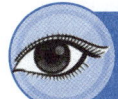 **第三项　听觉集中**　　**数出几个指定汉字的数目**

要求：家长读故事《闵子骞感动后母》，学生数出指定汉字（"子"，"母"）

各有几个，并将答案写到训练报告表中。数同一个字，读两遍故事。数两个字，读四遍。

教材：

闵子骞感动后母

孔子的学生闵子骞很小的时候，他的亲生母亲就不幸去世了。不久，父亲又娶了一个继母。后母在开始时，对闵子骞还过得去，可是自从她生了两个儿子后，对闵子骞就越来越不好了。闵子骞经常吃不饱饭，还为一点事情挨打受骂。

闵子骞是个极孝顺的孩子，他从不把自己受虐待的事对父亲说，以免父亲生气和伤心。

冬天的一天，父亲坐着兄弟三人拉的车子外出干活。父亲见闵子骞冻得直哆嗦，脸色灰白，手僵得使不上力气。但闵子骞的两个弟弟，红扑扑的脸上还直冒热汗。父亲认为一定是闵子骞耍滑偷懒，一气之下，就用鞭子抽打闵子骞。不料，鞭子抽破了棉衣，芦花飞了出来。父亲再把两个弟弟的棉衣撕开一看，里面是厚厚的丝绵。他方才明白了是怎么回事情。

父亲马上回到家中，叫出继母，指着闵子骞的破芦花棉衣对她吼道："你不仁不贤，你怎么配做孩子们的长辈。我要你这样狠毒的妇人做什么！"执意要赶她回家。

后母跪在地上，边哭边请求父亲和孩子们原谅。但气急了的父亲坚决要把继母赶走。

闵子骞心里十分不安，连忙跪在地上哀求父亲："母亲在，只有我一个人受苦；如果您赶走母亲，那我们弟兄三个就都会挨饿受冻，孤苦伶仃。请不要让母亲走吧！"

父亲被子骞的孝心和善良而感动，暂时留下了后母。

从此，闵子骞的后母果然变好了。闵子骞也更加热爱父亲，孝敬继母，爱护两个兄弟。两个弟弟也十分敬重善良的哥哥。一家人的日子过得和和美美。

答案："子"=22，"母"=12

**第四项　视觉分辨**　　从纷乱的图中找出与标准图相同的图

要求：请学生在图中数出与标准图相同图形的数目。

答案：共有 13 个相同图形

**第五项　听觉分辨**　　找出两句话中不同的词组

要求：家长将某题中的两个句子读完，再读两遍，共读三遍。学生听清楚后把不同的四对词组写在训练报告表中。

教材：

1题．●树林里很安静，空气像静止了一样，树叶挂在树枝上纹丝不动，知了趴在树叶上也没有了唱歌的兴致。

　　　●树林里很安静，空气像凝固了一样，树叶挂在树枝上纹丝不动，知了趴在树枝上也没有了歌唱的兴趣。

2题．●圆圆的月亮在水面上浮沉，微风吹过，一会儿成了椭圆形，一会儿又还原成圆形，时而又被动荡的水波搅碎。

　　　●圆圆的明月在水面上沉浮，微风吹过，一会儿变做椭圆形，一会儿又还原成圆形，时而又被晃动的水波搅碎。

3 题．●教室里静悄悄的，只听见笔在纸上写字的沙沙声，大家都在紧张地
答着卷子，谁都希望自己能在这次高考中发挥出最高水平。

●教室里静悄悄的，只听见笔在纸上答题的沙沙声，大家都在紧张地
答着卷子，谁都期盼自己能在这次高考中取得到最好成绩。

答案：1 题．静止—凝固，树叶—树枝，唱歌—歌唱，　　兴致—兴趣
　　　2 题．圆月—明月，浮沉—沉浮，成了—变做，　　动荡—晃动
　　　3 题．写字—答题，希望—期盼，发挥出—取得到，高水平—好成绩

第 18 日评估

项　　目	正确率所占比例	效率（高、中、低）	与前次相近题比较（进、退）	情　绪
1. 静坐				
2. 扫视折线				
3. 数出几个指定汉字的数目				
4. 从纷乱图中找出与标准图相同的图				
5. 找出两句话中不同的词组				
6. 读没有逻辑关系的莫名文章				

第 19 日

 **第三项　听觉集中**　　**数出几个指定数字的数目**

要求：家长读数列，学生数出数列所有三位数中指定的位数和具体要数的数字共

有几个。具体训练方法参见第 13 日第三项。

教材：

1 题．数出有几个个位数是 2 的数

　　102　110　109　114　702　852　072　007　182　414　592　653　672　982　082
　　　882　509　752　904　622　053　005　802　777　111　333　002　352　502　666

2 题．数出有几个十位数是 0 的数

　　605　432　760　505　430　807　654　090　808　650　600　761　038　409　802
　　302　119　305　480　330　403　550　407　120　202　222　990　404　020　212

3 题．数出有几个百位数是 9 的数

　　981　947　625　486　909　026　512　956　240　903　412　943　265　426　916
　　278　783　890　908　424　234　956　987　321　922　220　525　989　103　204

答案：1 题．16，　2 题．13，　3 题．12

 **第四项　视觉分辨**　　**数相同图形的数目**

要求： 请学生在图中数出相同图形的数目，并将答案写到图下面的空格内。

答案：

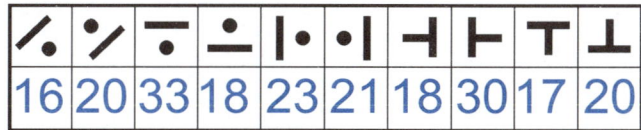

✓	✓	−	−	⊦	⊣	⊦	⊥	⊤	⊥
16	20	33	18	23	21	18	30	17	20

 第五项　听觉转移　　**按词组的分类画符号**

要求： 家长按顺序读 40 个词组，当学生听到词组属于"野生动物"类时，在相

应的格子内写"1"，属于"家养动物"类时，在相应的格子内写"2"。属于"花卉"类时，在相应的格子内写"3"。

教材：

猴子	郁金香	鹅	熊猫	康乃馨	马	羊	大象	老虎	菊花
狮子	家兔	猩猩	河马	百合	长颈鹿	狼	牡丹花	牛	鸭
狐狸	君子兰	鸽子	袋鼠	骡子	睡莲	鸵鸟	野猪	猪	梅花鹿
豹	蛇	驴子	玫瑰	鸡	北极熊	企鹅	斑马	鳄鱼	美人蕉

答案：

1 ₁	3 ₂	2 ₃	1 ₄	3 ₅	2 ₆	2 ₇	1 ₈	1 ₉	3 ₁₀
1 ₁₁	2 ₁₂	1 ₁₃	1 ₁₄	3 ₁₅	1 ₁₆	1 ₁₇	3 ₁₈	2 ₁₉	2 ₂₀
1 ₂₁	3 ₂₂	2 ₂₃	1 ₂₄	2 ₂₅	3 ₂₆	1 ₂₇	1 ₂₈	2 ₂₉	1 ₃₀
1 ₃₁	1 ₃₂	2 ₃₃	3 ₃₄	2 ₃₅	1 ₃₆	1 ₃₇	1 ₃₈	1 ₃₉	3 ₄₀

第 19 日评估

项 目	正确率 所占比例	效率 （高、中、低）	与前次相近题 比较（进、退）	情 绪
1. 静坐				
2. 扫视折线				
3. 数出几个指定数字的数目				
4. 数相同图形的数目				
5. 按词组的分类画符号				
6. 填写缺失的汉字和符号				

第20日

 **第三项　听觉集中**　　**数出几个指定汉字的数目**

要求：家长读故事《梁启超请写寿言》，学生数出指定汉字（"大"，"我"）各有几个，并将答案写到训练报告表中。数同一个字，读两遍故事。数两个字，读四遍。

教材：

梁启超请写寿言

梁启超12岁时，在广州参加学院考试，中了秀才。主考官广东学政叶大绰一个个接见了被录取的学子。接见完毕，梁启超仍然不走，而且大胆地走到叶大绰面前说："叶大人，学生有一件事，请求大人答应。"

叶大绰和蔼地说："请说出来听听。"

叶大绰亲切的态度使梁启超激动万分，他双膝跪下说："学生临来考试时，对祖父许下了诺言：如果我能被录取，就请求主考大人给祖父写一副诞辰寿言。"

"你祖父高寿？"

"七十岁。"

"你为什么想到要这样做呢？"叶大绰问。

"我的祖父虽然没有考上科举，但他用一生的精力培养了我。我今天能够考上，全是祖父的培育之恩。"梁启超真诚地说，"我怎样做才能表达对祖父的感激之情，用什么礼物才能安慰我的祖父呢？我想，只有学政大人写的寿言，才有足够的分量，既能肯定他的一生，又能表扬他的精神。因此，我冒昧地求大人答应学生的请求。"

叶大绰听了梁启超的话，觉得他是一个既孝顺而又诚实的孩子，于是欣然提笔为梁老先生写了寿言。

接到寿言的祖父激动地说："我个人虽然没有成功，但我的孙儿考上了，学政大人又给我写了寿言，我这辈子的心血没有白费啊！"

答案："大"=13，"我"=12

第五项　听觉分辨　　找出三句话中相同的词组

要求：家长将某一题中的三个句子读完，再读两遍，共读三遍。学生听清楚后把相同的四个词组写到训练报告表中。

教材：

1 题．●谴责过后的鼓励，好像雨后的阳光。

●下午，暴雨过后，出了大太阳。灿烂的阳光好像在鼓励我，快把家长的谴责变为动力。

●昨天，我去买牙膏，错把阳光牌牙膏当成星光牌牙膏。买回家后，妈妈谴责的目光使我懊悔了许久，好像生了病一样难受。晚上，妈妈还是鼓励了我。

2 题．●垃圾站里的苍蝇，顽强地生活在那个肮脏的地方。

●星期天，我们小队的队员一起去垃圾站搞卫生。肮脏的垃圾上面有许多苍蝇，我们喷洒了好多杀虫剂，还是有不少苍蝇顽强地活着。

●奶奶总是说我的房间肮脏得像个垃圾站。我一看，还真的有两只苍蝇飞来飞去，我拿着苍蝇拍顽强地追赶苍蝇，终于打死了它们。

3 题．●小姨生了个女孩，尤其令人惊喜的是她的分量很重——8 斤。姨父抱着小表妹边亲边说："我就盼望生个女儿。"小姨看了很感动。

●盼望已久的"世界杯"终于来到了，各国运动员常有令人惊喜的表现，感动着所有的球迷。从各国球迷对球赛的痴迷，也看出"世界杯"在人们心目中的分量是多么的重。

●爸爸出差要一个月，但半个月就突然回来了，给了我和妈妈一个惊喜。他又给我带回盼望已久的书《世界未解之谜》，我很感动，因为我只是和他说过一次。由此可见我在爸爸心中的分量。

答案：1 题．阳光，鼓励，好像，谴责

2 题 . 顽强，肮脏，苍蝇，垃圾站

3 题 . 惊喜，盼望，感动，分量

第 20 日评估

项　目	正确率所占比例	效率（高、中、低）	与前次相近题比较（进、退）	情　绪
1. 静坐				
2. 注视一点不动				
3. 数出几个指定汉字的数目				
4. 按数序在图中找到各数				
5. 找出三句话中相同的词组				
6. 读倒写的故事				

第 21 日

第三项　听觉集中　　数出几个指定数字的数目

　　要求：此数列由 30 组不同位数的数字组成。学生听家长读数列，数出数列所有各组数中指定的位数和具体要数的数字共有几个，并把答案写到训练报告表中。此类题相比前面的题又增加了难度，因为各组数的位数不同，有一位数的、二位数的、三位数的，所以学生更要集中注意力，认真地听。要听清楚每组题有几个数，分清是个位、十位还是百位。还要清楚题目要求的是数哪位数，具体数的是哪个数字。家长在读数时要一组一组读，组与组之间要稍有停顿，以便学生听清楚每组题的情况。读的时候只读数字 144、03，88……不能读作一百四十四，三，八十八。

　　教材：

　　1 题 . 数出有几个个位数是 1 的数

144 03 88 1 97 86 651 30 034 461 8 75 621 05 72

21 214 77 31 050 17 91 717 101 15 21 171 561 001 813

2 题. 数出有几个个位数是 5 的数

6 353 25 134 7 65 043 650 65 009 453 65 005 214 39

806 54 525 77 29 119 550 44 5 85 95 519 95 555 30

3 题. 数出有几个个位数是 8 的数

802 18 086 51 382 08 664 808 8 93 84 47 68 468 008

168 808 234 65 1 321 648 38 186 83 415 864 122 78 58

答案：1 题. 12, 2 题. 11 3 题. 13

第五项 听觉集中 记录数列中按奇数数序排列缺失的数字

要求：家长读一个数列，学生将数列中按奇数数序排列缺失的数字写在训练报告表中。

教材：

1 题 . 1，3，5，9，11，15，17，21，25，27，29，31，35，37，39

2 题 . 45，43，41，37，35，33，29，27，25，23，21，15，13，9，7

3 题 . 45，47，51，53，55，59，63，65，67，71，73，75，77，79，83

4 题 . 99，97，95，93，89，87，85，81，77，75，73，71，67，63，61

答案：1 题 . 7，13，19，23，33
　　　2 题 . 39，31，19，17，11
　　　3 题 . 49，57，61，69，81
　　　4 题 . 91，83，79，69，65

第六项 视觉分辨 数出有多少个指定的数字

要求：请学生在数字表中数出有多少个"65"，多少个"24"。

答案："65"=28个，"24"=16个

第21日评估

项　目	正确率 所占比例	效率 （高、中、低）	与前次相近题 比较（进、退）	情　绪
1. 静坐				
2. 扫视曲线				
3. 数出几个指定数字的数目				
4. 读数字				
5. 记录数列中按奇数数序排 　列缺失的数字				
6. 数出有多少个指定的数字				

第 22 日

 **第三项　听觉集中** **数出几个指定汉字的数目**

要求：家长读故事《张良敬老得奇书》，学生数出指定汉字（"一"，"老"）各有几个，并将答案写到训练报告表中。数同一个字，读两遍故事。数两个字，读四遍。

教材：

张良敬老得奇书

张良是战国末年韩国人。韩国被秦国灭亡后，老百姓在秦国暴政的统治下十分困苦。年轻的张良为了推翻残暴的秦国，决心拜师求贤，将来为国效劳。

一天，张良来到一座桥上，看到一位老人一扬脚，把一只鞋掉到了桥下面，却不客气地要张良去拣。张良很生气，但看到他老态龙钟的样子，便强忍着下桥去拣回了鞋子。老人又把脚一伸说："把鞋穿上！"张良一愣，又转念一想：

我都为他把鞋子拣回来了，还跟他计较什么呢？便忍气吞声地替他穿上了鞋。老人不道一声谢，转身就大步走了。

张良感到很惊异，因为从来没有遇到过这样不懂事而又奇怪的人，便跟着他走了很远。走着走着，老人忽然转过身来对张良说："孩子，你挺不错，可以教育成才。五天后的清晨，再来桥上会面。"

五天后的清晨，张良来到桥上，先来到的老人很生气："跟老人约会，为什么要后到呢？五天以后再来吧！"五天后，刚过半夜，张良就来了，可是老人还是比张良来得早，而且更加生气，让他再过五天来。第三次，张良还没到半夜就来到桥上。老人到了以后非常高兴地边说边拿出一捆书简："你有诚心。回去好好读这部书，读通了，你就可以当帝王的军师。十年后，你定可以成就大事业。"

这部书是《太公兵法》，是一部难得的兵书。张良遵嘱认真研读，后来，果然辅佐刘邦夺取天下，立了大功。

答案："一"=11，"老"=11

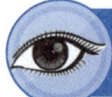 **第四项　视觉分辨**　　**数相同图形的数目**

要求：请学生在图中数出相同图形的数目，并将答案写到图下面的空格内。

答案：

月	E	目	3	日	田
38	35	39	33	38	33

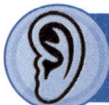 **第五项　听觉分辨**　　**找出两句话中不同的词组**

要求：家长将每组两个句子读完，再读两遍，共读三遍。学生听清楚后把不同的五对词组写在训练报告表中。

教材：

1题.●中国的文房四宝是指笔、墨、纸、砚。

　　　●中国的才艺文采是指琴、棋、书、画。

2题.●在大学里读书的堂兄这次放假回来，看上去发生了不小变化，人沉
　　　　稳了许多，好像确实长大了许多。

　　　●在大学里上学的堂兄这次假期回来，看上去发生了不小改变，人稳
　　　　重了许多，好像的确长大了许多。

3题.●积累与消费是贯穿于人一生的一对矛盾，如果积累大于消费，就会
　　　　逐渐走向成功；而消费总是大于积累的话，则很难有所成就。

　　　●积累与消费是存在于人一生的一对矛盾，假若积累大于消费，就会
　　　　逐渐走向成功；而消费总是大于积累的话，就很难得到成功。

答案：1题.文房四宝—才艺文采，笔—琴、　墨—棋、
　　　　　　纸—书、　砚—画
　　　2题.读书—上学，　　放假—假期，变化—改变，
　　　　　　沉稳—稳重，　　确实—的确
　　　3题.贯穿—存在，　　如果—假若，则—就，
　　　　　　有所—得到，　　成就—成功

第22日评估

项　目	正确率 所占比例	效率 （高、中、低）	与前次相近题 比较（进、退）	情　绪
1.静坐				
2.扫视曲线				
3.数出几个指定汉字的数目				
4.数相同图形的数目				
5.找出两句话中不同的词组				
6.填写缺失的数字				

第 23 日

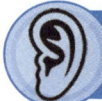

第三项　听觉集中　　数出几个指定数字的数目

要求： 家长读数列，学生数出数列所有各组数中指定的位数和具体要数的数字共有几个。具体训练方法参见第 21 日第三项。

教材：

1. 数出有几个十位数是 4 的数

   149　58　087　8　03　049　33　444　49　909　77　42　941　7　765
   807　47　240　42　40　642　46　860　09　044　765　45　045　881　241

2. 数出有几个十位数是 8 的数

   980　683　48　98　81　326　87　840　15　80　888　28　080　108　258
   008　94　81　682　43　806　41　23　785　087　8　280　85　11　5

3. 数出有几个十位数是 6 的数

   666　36　52　761　8　63　052　01　074　66　761　06　396　56　567
   368　9　560　007　76　64　56　565　03　357　64　468　09　868　363

答案：1题．16，　2题．13，　3题．14

第四项　视觉分辨　　从纷乱的图中找出与标准图相同的图

要求： 请学生在图中数出与标准图相同图形的数目。

答案：共有 22 个相同图形

 **第五项 听觉分辨** 边听故事边在词组中寻找听到的词组

要求：请学生看着训练报告表中的词组：骆驼，骑马，款待，酬劳，味道，金子，旅游，认为，高兴，感谢，听着家长读故事。当看到与听到故事中相同的词组时，即刻把它划出来，并将其写在训练报告表中。

教材：

聪明的商人

有一位聪明的商人，带着两袋大蒜，骑着骆驼，一路跋涉到了遥远的阿拉伯地区。那里的人们从来没有见过大蒜，更想不到世界上还有味道这么好的东西。因此他们用最热情的方式款待了这位聪明的商人，临别时，送给他两袋金子作为酬谢。

另一位聪明的商人听到了这件事情后，不禁为之心动。他想：大葱的味道不也很好么？于是他带着两袋大葱也去到了那个地方。那里的人们同样没有见过大葱，甚至觉得大葱的味道比大蒜的味道还要好。他们更加盛情地款待了商人，并且一致认为用金子远不能表达他们对这位远道来的客人的感激之情。经过再三商讨，他们决定送给这位朋友两袋大蒜。

答案：骆驼，款待，味道，金子，认为

第 23 日评估

项 目	正确率所占比例	效率（高、中、低）	与前次相近题比较（进、退）	情 绪
1. 静坐				
2. 扫视曲线				
3. 数出几个指定数字的数目				
4. 从纷乱的图中找出与标准图相同的图				
5. 边听故事边在词组中寻找听到的词组				
6. 读文章《弟子规》				

第 24 日

 **第三项　听觉集中**　**数出几个指定汉字的数目**

要求：家长读故事《周处勇于改过》，学生数出指定汉字（"处"，"他"）各有几个，并将答案写到训练报告表中。数同一个字，读两遍故事。数两个字，读四遍。

教材：

周处勇于改过

西晋有个叫周处的人，从小死了父亲，因为母亲溺爱，娇生惯养。长大后，生活放荡，逞强好斗，无恶不作，地方上被他闹得鸡犬不宁。慢慢地，地方上的人就传出"三害"的说法，即猛虎、蛟龙和周处。

周处听说大家把自己比作"三害"，很痛心，决心改掉被大家深恶痛绝的坏毛病。他计划先从杀死猛虎和蛟龙做起。于是告别了家人，携带武器进山，锄掉了猛虎，又跳入长桥水中，与蛟龙搏斗，沉沉浮浮几十里，经过了三昼夜的搏斗，终于斩杀了蛟龙。

周处与蛟龙相搏，几日没有回来，地方上的人就以为他已经被蛟龙吞食，百姓拍手称快，互相庆贺。当周处回来后，看见大家对他的"死"是那样高兴，才知道人们对他的憎恶更甚于蛟龙，他感到十分痛苦。

周处于是不辞远途跋涉，去拜访吴国的大贤人陆机和陆云兄弟。他把自己荒唐的过去告诉了他们，并表示自己想读书，想学习，想努力改造的决心。只是担心积习太久，怕改造不过来，干不成什么事业。

陆云说："古人认为，早晨知错，晚上能改便是好的。你年纪还轻，只怕不能立志，不必担心成不了事业。"

周处听了，坚定了学习进取、改正错误的决心。回家以后，发奋读书，注重道德修养，进步很快。一年后，州郡召他去做了官，一直做到太守。

周处勇于改过的故事被传为美谈。

答案："处"=9，"他"=9

 **第五项　听觉记忆**　　**写出混合式列中的词组**

要求：家长读一段词和数字混合的式列，学生努力记住式列中按读的顺序排列的词组，并按顺序将词组写到训练报告表中。

教材：

1 题．地球 28 牙齿 36 尾巴 44 风扇 95 火星 88 飞机 20 书本 34 钥匙

2 题．22 年糕 33 55 鸡蛋 11 天空 爆竹 44 广告 66 大海 警察 77 鸭子

3 题．100 电脑 蜂蜜 74 38 窗帘 哭泣 66 拖鞋 33 毯子 22 镜框 44 高兴

4 题．悲哀 33 唱歌 9 街道 666 冰棒 2 玉米 快乐 101 蹦跳 55 202 想念

答案：
1 题．地球　牙齿　尾巴　风扇　火星　飞机　书本　钥匙
2 题．年糕　鸡蛋　天空　爆竹　广告　大海　警察　鸭子
3 题．电脑　蜂蜜　窗帘　哭泣　拖鞋　毯子　镜框　高兴
4 题．悲哀　唱歌　街道　冰棒　玉米　快乐　蹦跳　想念

第 24 日评估

项　目	正确率 所占比例	效率 （高、中、低）	与前次相近题 比较（进、退）	情　绪
1. 静坐				
2. 扫视曲线				
3. 数出几个指定汉字的数目				
4. 按数序在图中找到各数				
5. 写出混合式列中的词组				
6. 填写缺失的汉字与汉语拼音				

第 25 日

第三项　听觉集中　　数出几个指定数字的数目

要求：家长读数列，学生数出数列所有各组数中指定的位数和具体要数的数字共有几个。具体训练方法参见第 21 日第三项。

教材：

1 题. 数出有几个百位数是 5 的数

381　75　5　551　03　545　70　15　6　09　　70　525　65　1　505

654　576　65　09　745　500　08　817　526　35　4　33　333　555　55

2 题. 数出有几个百位数是 3 的数

336　69　08　731　53　393　35　332　333　30　6　303　35　337　12

533　3　393　33　7　531　375　897　08　353　23　35　730　336　33

3 题. 数出有几个百位数是 7 的数

736　69　06　731　43　793　735　2　703　30　766　33　53　737　03

381　775　51　05　37　74　770　15　65　709　75　225　765　1　705

答案：1 题. 8,　2 题. 10,　3 题. 12

第四项　视觉分辨　　数相同图形的数目

要求：请学生在图中数出相同图形的数目，并将答案写到图下面的空格内。

答案：

米	来	夹	采	未	求
34	33	36	33	35	45

第五项　听觉分辨　　**找出三句话中相同的词组**

要求：家长将某一题中的三个句子读完，再读两遍，共读三遍。学生听清楚后把三句话中相同的五个词组写到训练报告表中。

教材：

1题.● 妈妈用钥匙打开柜子，里面有被没收的小汽车，那是她给儿子新买的。

● 表哥开着新买的汽车，神气得很，但常因为超速被罚款，气得姑妈没收了他的车钥匙，锁在柜子里。

● 爸爸用汽车把新买的柜子拉回家，可是柜子钥匙不见了。原来是儿子把钥匙拿到学校去玩，被老师没收了。

2题.● 调皮的小狗，喜欢啃骨头，一旦有了骨头，那种专注劲，无论谁也不能转移它的注意力。

● 邻居家的贝贝虽然很调皮，但玩起他喜欢的东西，专注得很，无论用什么方法也不能分散他的注意力。

● 黄皮皮是个调皮的同学，上课特别喜欢做小动作。虽然他下了很大的决心要提高自己的注意力，但无论怎样努力，还是不能专注地做好一件事。

3题.● 奶奶特别爱干净，所以一天到晚总是批评我，说我的房间像个狗窝。唠叨归唠叨，她还是帮我搞得"窗明几净"。

● 我家来卡的狗窝在院子里，来卡可爱干净了，它的窝真可以说是"窗明几净"。当我把窝搞乱时，它总是唠唠叨叨地叫，好像在批评我。

● 医院里好干净啊，窗明几净，一尘不染。护士小姐的态度也很好，当病人搞乱房间时，她从不唠叨，只是和蔼地笑着说："可别搞得像个狗窝啊！免得我挨批评。"

答案：1题.汽车，没收，钥匙，柜子，新买的

2题.调皮，喜欢，专注，无论，注意力

3题.干净，批评，狗窝，唠叨，窗明几净

 **第六项　视觉集中**　**拼读汉语拼音并写出相应的汉字**

要求： 请学生拼读汉语拼音，并在下边空行中，写出相应的汉字。但因为汉字中同音字很多，所以答案并非只有一个。

参考答案：

绕　染　容　扔　嚷　若　说　身　受　赏　冲　秤　绰　张　种　捉　丧
所　岁　催　层　仓　昨　脏　纵　徐　小　现　强　其　巧　菊　交　敬
狠　行　会　抗　孔　亏　国　巩　更　落　龙　良　鸟　弄　娘

第 25 日评估

项　目	正确率 所占比例	效率 （高、中、低）	与前次相近题 比较（进、退）	情　绪
1. 静坐				
2. 扫视曲线				
3. 数出几个指定数字的数目				
4. 数相同图形的数目				
5. 找出三句话中相同的词组				
6. 拼读汉语拼音并写出相应 　的汉字				

第 **26** 日

 **第三项　听觉集中**　**数出几个指定汉字的数目**

要求： 家长读故事《包拯、义士守盟约》，数出指定汉字（"包"，"杀"）各有几个，并将答案写到训练报告表中。数同一个字，读两遍故事。数两个字，读四遍。

教材：

包拯、义士守盟约

开封府知府包拯听说最近在城外连续发生豪绅被杀的事，便派人去调查。结果，被杀的都是当地罪大恶极的恶霸。对于他们的死，老百姓个个拍手称快。人们都称杀人者是"无名大侠"。而且这个无名大侠都是在恶霸豪绅做下伤天害理的事情之后出现，并且杀掉他们。

包拯听后，便对属下不动声色地说："你们今后多注意恶霸分子的动静。"

过了几天，城里有个恶霸抢走民女，并把民女的父亲打死。包拯知道后便带领属下在恶霸居住的大院外布好埋伏，专门等候"无名大侠"。几天后，在一个漆黑的夜晚，埋伏的人们果然在恶霸的院墙外围堵住了无名大侠。当他要拔剑时，包拯走上前说："义士，请不要动手，我是包拯。前几次案情，是不是义士所为？请将杀死他们的原因和经过告诉我，好吗？"

无名大侠知道包拯是为民除害的清官，便很信任地把以前杀死几个恶霸的事告诉了包拯，并请求包拯允许他把院墙内的恶霸除掉。包拯连忙拦住说："杀暴除害是我包拯的事。请你相信我，如果我没有办好，那时，你再杀他也不迟。"义士点头称是后，包拯又说："我提个要求，请义士以后再不要擅自杀人。"义士爽快地回答："包大人日后秉公执法的话，我也就不杀人了。如果杀人，我一定以死谢罪。"就这样，包拯和义士在口头上订立了盟约。

三年后，包拯接到义士的信，信中说，三年来，他一直遵守盟约，没有杀过一个人，但昨天，他看到一个歹徒抢走一老人的钱后，将老人杀死。义士因为怕歹徒逃跑，来不及报告包拯，只得将歹徒杀死。现在他只好以死谢罪，请到城外查验他的尸身。

当包拯赶到城外时，义士果然吊死在树上。

答案："包"=17，"杀"=14"

 **第四项　视觉分辨**　　从纷乱的图中找出与标准图相同的图

要求：请学生在图中数出与标准图相同图形的数目。

答案：共有 9 个相同图形

第五项　听觉转移　听写混合答案

要求： 家长读完一个问题中的三个小问题后，学生再将 3 个答案写到训练报告表中。

教材：

1 题．$45-5X=0$　$X= ?$

2 题．"递"字有几划？

3 题．写出 10 种长方形的东西？

答案： 1 题．$X=9$。

2 题．"递"有 10 画。

3 题．略。

第 26 日评估

项　目	正确率 所占比例	效率 （高、中、低）	与前次相近题 比较（进、退）	情　绪
1. 静坐				
2. 扫视曲线				
3. 数出几个指定汉字的数目				
4. 从纷乱的图中找出与标准图相同的图				
5. 听写混合答案				
6. 填写缺失的汉语拼音				

第 27 日

第三项　听觉集中　　**数出几个指定数字的数目**

要求： 家长读数列，学生数出数列所有各组数中指定的位数和具体要数的数字共有几个。具体训练方法参见第 21 日第三项。

教材：

1 题. 数出有几个个位数是 9 的数

987　3　039　79　579　　18　75　947　28　1　　04　029　23　959　59
684　09　96　218　30　649　49　79　241　999　96　69　731　79　94

2 题. 数出有几个十位数是 6 的数

806　68　62　086　923　65　756　20　267　060　63　260　45　668　369
768　55　9　161　62　119　61　62　668　08　62　228　961　09　86

3 题. 数出有几个百位数是 2 的数

212　72　002　4　279　90　322　263　92　03　82　31　262　82　288
357　272　67　273　28　280　62　09　22　222　32　283　284　662　22

答案：1 题. 13，　2 题. 17，　3 题. 11

第四项　视觉分辨　　**找出成语**

要求： 请学生从下图的 188 个汉字中找出 12 条成语。（可在 47 条成语中任选 12 条）。

答案（全部 47 条答案）：

短小精悍　繁荣昌盛　掩耳盗铃　亡羊补牢　花好月圆　画蛇添足
铁杵成针　闭月羞花　卧薪尝胆　叶公好龙　囫囵吞枣　眼疾手快

眉清目秀　专心致志　守株待兔　滥竽充数　高大威武　对牛弹琴
井底之蛙　洗耳恭听　水中捞月　狐假虎威　望洋兴叹　千山万水
分道扬镳　目不转睛　废寝忘食　望尘莫及　百发百中　生龙活虎
悬梁刺股　骄傲自满　奋起直追　盲人摸象　沉鱼落雁　画龙点睛
花红柳绿　蒸蒸日上　不甘示弱　夜郎自大　才高八斗　学富五车
鸟语花香　后来居上　锦绣山河　熟能生巧　大公无私

第五项　听觉分辨　　找出两句话中不同的词组

要求：家长将某题中的两个句子读完，再读两遍，共读三遍。学生听清楚后把二句话中不同的五对词组写在后面的训练报告表中。

教材：

1题．●积极的心态是成功的催化剂，它能使一个懦夫成为英雄，从柔弱变为坚强。

　　　●积极的态度是成功的推进力，它能使一个懦夫变成英雄，从软弱变为刚强。

2题．●执著的人不畏挫折和磨难，不管出现什么情况，总是能够充满信心，勇往直前。

　　　●执著的人不畏艰难和失败，不论发生什么问题，总是能够充满信心，勇往直前。

3题．●居里夫人的一生满载荣誉，是她平和的心态使她能够在科学探索的道路上保持旺盛的创造力。

　　　●居里夫人的一生充满赞誉，是她平和的心态使她可以在科学进取的道路上保持充沛的创造力。

答案：1题．心态—态度，催化剂—推进力，成为—变为，柔弱—软弱，
　　　　　坚强—刚强

　　　2题．挫折—艰难，磨难—失败，　不管—不论，出现—发生，
　　　　　情况—问题

　　　3题．满载—充满，荣誉—赞誉，　能够—可以，探索—进取，
　　　　　旺盛—充沛

第 27 日评估

项　目	正确率 所占比例	效率 （高、中、低）	与前次相近题 比较（进、退）	情　绪
1. 静坐				
2. 扫视曲线				
3. 数出几个指定数字的数目				
4. 找出成语				
5. 找出两句话中不同的词组				
6. 读倒写的成语接龙				

第 28 日

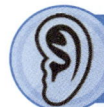 **第三项　听觉集中**　　数出几个指定汉字的数目

要求：家长读故事《能忍辱的王述》，学生数出指定汉字（"一"，"的"）各有几个，并将答案写到训练报告表中。数同一个字，读两遍故事。数两个字，读四遍。

注意：当"地"放在词或词组后，表明其的副词性时，要读作"de"。如："猛地（de）抓起"。故此时的"地"也应放在数"的"个数内。

教材：

能忍辱的王述

在西晋时期，有一个叫王述的人，自小丧父，和母亲一起艰难生活。他很孝顺，全心侍奉母亲，安于贫苦的生活，但也很快乐。

王述有个脾气暴躁的缺点。有一次吃鸡蛋，他先用筷子去夹，没有夹住，

他对此大动肝火，就把鸡蛋猛地抓起来摔在地上。谁料到那个鸡蛋却没有被摔烂，他便更加恼火，站起来用脚去踩，结果一下子又没有踩准。于是，他干脆用手拾起鸡蛋，塞在嘴里咬烂，然后吐在地上。好像这才解了心头之恨。

可是，在他出任官职以后，性格却起了很大的变化，变得沉着稳重，很少再大发脾气了。

另一位朝臣叫谢弈的，性格粗鲁暴躁，说话刻薄，从不给人留情面。由于性格不和，谢弈对王述一向嫉恨，总是想找机会羞辱王述。

一次，他们刚一见面，谢弈就破口大骂，历数王述的不是。而王述为了避免冲突，不还口，更不还手，而是面对墙壁，默默地站着。一直等到谢弈骂累了，自知理亏离去后，王述才转过身来重新回到自己的座位上。

后来，谢弈醒悟过来，知道了自己的错误，内心感到极大的不安。于是主动找到王述向他道歉认错，两人之间的仇恨和矛盾从此消除，并且成了一对好朋友。

答案："一"=10，"的"=13

 **第四项　视觉分辨**　　**找出不同部首的词组**

要求：请学生在图表的汉字中，划出"月"部、"女"部、"木"部的词组。

答案：
"月"部的词组共有:19 个
"女"部的词组共有:18 个
"木"部的词组共有:15 个

第五项　听觉转移　　**按词组的分类画符号**

要求：听家长按顺序读 40 个词组，当听到词组属于"家用电器"类时，在相应的格子内写"1"，属于"交通工具"类时，在相应的格子内写"2"。属于"家具"类时，在相应的格子内写"3"。属于"文具"类时，在相应的格子内写"4"。

教材：

摩托车　电冰箱　铅笔　橡皮　空调　自行车　文具盒　轮船　洗衣机　沙发

DVD　席梦思床　电风扇　直尺　书桌　书柜　火车　录音机　汽车　三角尺

凳子　飞机　越野汽车　餐桌　椅子　微波炉　床头柜　电饭锅　油烟机　梳妆台

电视柜　图钉　公交车　曲别针　大衣柜　笔筒　电动车　出租汽车　圆规　钢笔

答案：

2 1	1 2	4 3	4 4	1 5	2 6	4 7	2 8	1 9	3 10
1 11	3 12	1 13	4 14	3 15	3 16	2 17	1 18	2 19	4 20
3 21	2 22	2 23	3 24	3 25	1 26	3 27	1 28	1 29	3 30
3 31	4 32	2 33	4 34	3 35	4 36	2 37	2 38	4 39	4 40

第 28 日评估

项　目	正确率 所占比例	效率 （高、中、低）	与前次相近题 比较（进、退）	情　绪
1. 静坐				
2. 扫视曲线				
3. 数出几个指定汉字的数目				
4. 找出不同部首的词组				
5. 按词组的分类画符号				
6. 读没有逻辑关系的莫名文章				

第 **29** 日

第三项　听觉集中　　数出几个指定数字的数目

要求： 家长读数列，学生数出数列所有各组数中指定的位数和具体要数的数字共有几个。具体训练方法参见第 21 日第三项。

教材：

1 题. 数出有几个十位数是 0 的数

630　32　60　505　43　007　54　90　808　650　000　61　038　09　502
302　110　05　80　30　03　550　807　121　02　222　900　04　20　212

2 题. 数出有几个百位数是 1 的数

144　12　008　10　75　106　09　103　4　46　028　47　621　105　72
153　321　14　170　31　050　17　902　77　101　111　121　110　56　001

3 题. 数出有几个个位数是 2 的数

120　11　02　114　02　82　027　272　28　404　02　653　72　82　022
828　502　25　04　622　53　202　82　7　112　332　20　325　20　626

答案：1 题. 13,　　2 题. 10,　　3 题. 14

第四项　视觉分辨　　找出五言律诗

要求： 请学生从下图的 198 个汉字中找出 4 首五言律诗。（可在 10 首中任选 4 首）。

答案（全部 10 首五言律诗）：

1. 远看山有色，近听水无声。春去花还在，人来鸟不惊。

2. 离离原上草，一岁一枯荣。野火烧不尽，春风吹又生。

3. 床前明月光，疑是地上霜。举头望明月，低头思故乡。

4. 春眠不觉晓，处处闻啼鸟。夜来风雨声，花落知多少。

5. 一望二三里，烟村四五家。门前六七树，八九十枝花。

6. 锄禾日当午，汗滴禾下土。谁知盘中餐，粒粒皆辛苦。

7. 鹅，鹅，鹅，曲项向天歌。白毛浮绿水，红掌拨清波。

8. 松下问童子，言师采药去。只在此山中，云深不知处。

9. 白日依山尽，黄河入海流。欲穷千里目，更上一层楼。

10. 空山不见人，但闻人语响。返景入深林，复照青苔上。

第五项　听觉分辨　　找出三句话中相同的词组

要求：家长将某一题中的三个句子读完，再读两遍，共读三遍。学生听清楚后把三句话中相同的五个词组写到训练报告表中。

教材：

1 题．●我盼望见到夺得世界冠军的表姐，她终于从北京回来了。她平静的态度使我明白了什么是"胜不骄"。

●病重的奶奶等待在北京学习的叔叔回来，当她看到日夜盼望的儿子时，终于平静地离开了这个世界。

●盼望已久的暑期终于到来了，我和爸爸也一起去了北京。原以为我会高兴得发疯，但当我们回来后，我觉得我依然很平静。爸爸说我长大了。

2 题．●妈妈做了个甜美的大蛋糕，大家都支持她参加蛋糕大赛，但她说她的手艺不很稳定，怕不能如愿。

●小丽去参加歌手大赛，她的声音虽然甜美，但因为节奏不太稳定，而被淘汰。她没有如愿，哭得很伤心。

●我做了个甜美的梦，参加了奥数大赛，经过几轮考试，成绩都很稳定，因而得了金奖。但醒来一看，还是没有如愿。

3 题．●暑期参加了生存夏令营，好快乐哦！不仅学会了很多本领，而且过得轻松、自在，因为那里没有分数在作怪。

● 妈妈总说希望我快乐，但又要我参加很多训练班学习本领，又要保证考多少分数。我觉得我活得一点不轻松，也不自在。

● 安宁是个快乐的学生，她的家长并不要求她考多少分数，只是要她轻松地学习。结果她不但很自在，成绩也好，本领也大。我们都很羡慕她。

答案：1 题．盼望，平静，回来，北京，终于

2 题．甜美，参加，大赛，稳定，如愿

3 题．快乐，轻松，自在，分数，本领

第 29 日评估

项　目	正确率 所占比例	效率 （高、中、低）	与前次相近题 比较（进、退）	情　绪
1. 静坐				
2. 扫视曲线				
3. 数出几个指定数字的数目			ˋ	
4. 找出五言律诗				
5. 找出三句话中相同的词组				
6. 填写缺失的汉字和符号				

第 30 日

第三项　听觉集中　　数出几个指定汉字的数目

要求：家长读故事《挤鹿奶奉养双亲》，学生数出指定汉字（"子"，"鹿"）各有几个，并将答案写到训练报告表中。数同一个字，读两遍故事。数两个字，读四遍。

教材：

挤鹿奶奉养双亲

周朝时，有个勇敢的孩子叫做剡子。

剡子家十分穷困，靠着父母亲日夜操劳，一家人才勉强得到温饱。但是父母渐渐老了，身体越来越不如从前。懂事而又孝顺的剡子每天都帮助父母做事，还上山去打柴。并且在山里和一群鹿交了好朋友。

剡子听说鹿奶可以使人的身体强健起来，就想如何能给父母弄些鹿奶。他在打柴的时候，观察到只有小鹿才能够吃到鹿奶。"那我能不能装成一头小鹿呢？"想到这里，"方法有了！"剡子兴高采烈地喊了一声。剡子来到村里的一户猎人家，向猎人借了一张鹿皮。

第二天剡子提着个罐子，带着鹿皮上山了。当他看见鹿群时，就披上鹿皮，趴下身子装成一只小鹿，混进鹿群里，然后爬到一只母鹿身边，用手往罐子里挤奶。因为动作轻柔，母鹿并没有觉察。就这样，挤好了满满一罐鹿奶。当父母亲见到这罐鹿奶时既是高兴，又很担忧。高兴儿子的孝顺和勇敢，担忧万一碰到野兽的可怕后果。调皮的剡子一笑："放心吧，我自有办法！"从此，剡子便一次次地进入山林，混进鹿群去挤奶。

一天，他正挤了半罐奶，突然来了一群骑马的猎人，鹿群四散奔逃，只剩下剡子装成的小鹿趴在地上。猎手们拈起弓，搭上箭，刚要射时，只见一个孩子从鹿皮下面站起来，惊奇中，听到剡子喊："我是人，不是鹿！"等到他们知道了剡子扮鹿的缘由时，都十分感动。

刿子挤奶奉养双亲的事迹也就此传开了。

答案： "子"=17，"鹿"=23

第四项　注意力测试　　视觉测试

要求：

1. 把全部做完 225 题的时间写在训练报告表中。

2. 家长把学生的"测试题答卷"对照下面的"测试题答案"，找出错误的个数，并计算错误个数所占的百分比。再把结果写到训练报告表中。

答案：

测　试　题　答　案

题目	1K	1H	5X	C5	A7	O2	1V	3K	9Z	X9	W8	N12	2M	L5	Z19
答案	4	9	4	5	1	8	2	6	6	4	8	7	0	3	7
题目	B5	4H	L1	12Z	19H	5L	J7	C1	I18	8R	M20	13S	2N	4Q	P20
答案	1	7	2	1	9	3	2	8	1	9	4	8	5	5	6
题目	6G	3F	3R	14Y	2T	L17	18C	4D	3X	5Y	1Q	V13	13J	4B	5R
答案	4	9	9	4	5	3	3	6	8	4	4	4	9	6	3
题目	9S	G8	B2	5J	3W	4L	7Q	13K	Z11	5T	8R	17X	9D	1Y	I4
答案	9	9	4	4	7	5	2	4	8	1	9	3	9	4	4
题目	F33	T38	27P	22D	Z21	C16	31M	24W	35H	Y37	D33	28X	33T	29O	F39
答案	8	6	1	1	7	2	3	4	4	9	6	3	9	1	5
题目	13B	G15	22X	28S	34Q	37N	9W	14J	28F	32D	37W	H34	K25	18B	I24
答案	6	4	9	3	5	8	5	4	5	9	0	9	5	3	9
题目	36X	31O	25C	23P	40H	36F	V39	4D	15K	30S	24Y	21J	H25	15X	33I
答案	9	7	9	7	8	9	6	2	7	4	5	1	9	5	
题目	24F	28W	36G	39Q	R31	T34	H37	X32	K27	33X	29F	27X	32H	D37	T18
答案	4	2	7	2	4	6	1	5	7	3	6	9	8	9	0
题目	N19	16W	14K	30F	26J	I19	28P	29W	32D	4Z	30C	27J	37F	C31	Y34
答案	9	6	5	3	2	3	9	2	0	3	3	8	5	7	

题目	26L	21K	F28	S32	26O	24R	19X	16T	12K	38S	D39	35K	Z37	S35	H29
答案	4	9	5	9	8	2	2	3	6	4	1	9	1	7	3
题目	T26	M20	Q27	D35	31P	22K	37P	25I	34D	29J	18C	Y25	31O	22F	17P
答案	7	4	5	1	9	9	8	6	3	4	3	0	7	5	7
题目	27T	32F	40S	W39	B31	J28	A24	17K	R23	T26	30P	23N	16Q	29Y	K24
答案	4	7	6	4	7	8	1	4	7	7	4	9	2	9	5
题目	40F	X31	23K	C22	31I	24X	M26	R30	37G	B40	C11	D19	T26	Q34	39P
答案	3	8	9	4	3	6	3	1	8	1	8	8	7	5	2
题目	37A	31X	H27	D31	34I	Y28	C25	W19	S23	N28	P25	C21	25W	D31	S19
答案	1	8	6	5	7	2	9	3	7	0	9	5	2	5	3
题目	K23	J28	40I	39H	L28	F24	29S	34B	Y38	V23	P20	19F	X22	S26	H24
答案	9	8	4	5	5	4	8	5	3	5	6	5	9	3	1

第五项　注意力测试　听觉测试

要求：家长慢速而清晰地读第一句，学生听完后，重复背诵第一句，家长再读第二句，学生背诵……每句话家长只能读一次，直至学生出现错误为止。把正确重复的句子数写到训练报告表中。

教材：

1. 小华打电话。

2. 小华晚上打电话。

3. 小华晚上在家里打电话。

4. 小华晚上在家里用手机打电话。

5. 小华晚上在家里用爸爸的手机打电话。

6. 小华晚上在家里用爸爸的手机给奶奶打电话。

7. 小华晚上在家里用爸爸的手机给住院的奶奶打电话。

8. 小华晚上在家里用爸爸的手机给在北京住院的奶奶打电话。

9. 小华晚上在家里用爸爸的手机给在北京住院陪爷爷的奶奶打电话。

10. 小华晚上在家里用爸爸的手机给在北京住院陪爷爷治病的奶奶打电话。

11. 小华晚上在家里用爸爸的手机给在北京住院陪爷爷治病的奶奶打长途电话。

12. 小华晚上在家里用爸爸的手机给在北京住院陪爷爷治病的奶奶打长途慰问电话。

第 30 日评估

项　目	正确率 所占比例	效率 （高、中、低）	与前次相近题 比较（进、退）	情　绪
1. 静坐				
2. 扫视曲线				
3. 数出几个指定汉字的数目				
4. 视觉测试				
5. 听觉测试				

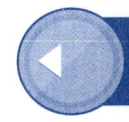

视知觉训练题目分布索引

第四册的视知觉训练共有三类训练方式：视觉集中，视觉分辨，视觉转移。

一、视觉集中：

视觉集中的训练题在第四册中共有三种方法：（一）读数字，读文章，读拼音；（二）倒读成语接龙，倒读故事；（三）读没有逻辑关系的莫名文章。

（一）读数字，读文章，读拼音

1．读数字

读 400 个连贯的数字，要求读得尽量快、清晰和准确。

读数字的练习在第四册中有三次，分别是：**第 2 日，第 11 日，第 21 日。**

2．读文章《弟子规》

读文章的练习在第四册中有三次，分别是：**第 4 日，第 14 日，第 23 日。**

3．拼读汉语拼音并写出相应的汉字

拼读汉语拼音并写出相应的汉字的练习在第四册中有三次，分别是：**第 7 日，第 16 日、第 25 日。**

（二）倒读故事，倒读成语

1．读倒写的故事

读倒写的故事的练习在第四册中有两次，分别是：**第 6 日，第 20 日。**

2．读倒写的成语接龙

读倒写的成语接龙的练习在第四册中有两次，分别是：**第 13 日，第 27 日。**

（三）读没有逻辑关系的莫名文章

读没有逻辑关系的莫名文章的练习在第四册中有三次，分别是：**第 9 日，第 18 日、第 28 日。**

二、视觉分辨：

第四册视觉分辨采用了九种方法：（一）按数序在图中找到各数、（二）找出与众不同的一个图、（三）数相同图形的数目、（四）数叠加图形中相同图形的数目、

（五）数出有多少个指定的数字、（六）找出不同部首的词组、（七）从纷乱的图中找出与标准图相同的图、（八）找出成语、（九）找出五言律诗。

（一） 按数序在图中找到各数

按数序在图中找到各数的练习在第四册中有六次，分别是：**第 2 日，第 6 日，第 11 日、第 15 日、第 20 日和第 24 日。**

第 2 日：

41	38	59	64	26	12	80	6	32	68	43
21	53	15	4	46	34	67	23	71	40	57
5	82	70	35	27	56	16	47	66	9	84
29	50	83	10	65	78	85	58	31	14	49
18	55	37	79	48	1	2	75	24	63	30
69	81	87	54	73	45	62	11	3	25	74
36	61	42	13	22	76	39	86	52	19	8
77	20	7	33	51	60	17	28	72	44	88

第 6 日：

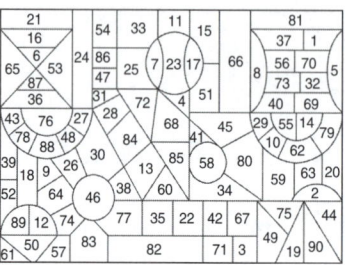

第 11 日：

10	22	39	4	65	46	96	32	74	19	56
47	95	71	52	28	60	14	57	1	35	83
62	34	16	89	9	55	41	90	76	91	24
59	98	97	38	78	18	23	7	66	48	87
2	49	26	86	31	99	72	63	70	84	13
79	50	67	12	58	85	30	21	45	8	43
37	75	6	81	25	44	51	94	17	68	80
15	27	88	40	69	77	3	54	92	33	61
64	53	36	93	73	42	82	11	29	20	5

第 15 日：

第 20 日：

11	8	35	81	55	73	20	41	61	87	99
84	24	70	17	65	9	93	78	4	32	47
77	53	49	67	30	25	97	86	91	75	15
19	37	5	23	42	89	79	14	83	94	66
59	45	96	51	2	18	50	34	68	39	28
33	80	64	44	71	90	27	88	12	52	3
26	13	58	92	29	60	76	36	1	48	69
6	63	95	31	85	22	46	54	57	74	16
72	40	98	82	10	56	7	62	38	21	43

第 24 日：

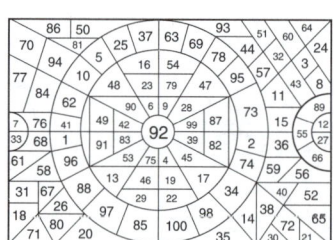

▶ **对孩子提出的问题，以便孩子分析时作为参考：**

1. 从 1 ~ 88 中，你能够把数字分为几种类型？【一位数和二位数两大类，二位数又可以按十位数的不同分为七类】

2. 你能够按照不同类型找到观察的方法和规律吗？

3. 当你在 88 个数字中不断重复的扫视时，还能想到注意些什么问题？

希望家长能够给孩子思考的时间，让他们自己得出结论，这样最好。

但是对于学习能力和思维能力较强的孩子，家长出于对他们的了解，知道他们可以自己解题，则不必用以上问题启发他们。

▶ 提示给家长如何启发孩子的方法：

1. 当我们眯起眼睛看这张表时，是否会感觉有几个方格的空白处是比较多的？都是哪几个数字呢？对了，是一位数，只有一个数字放在格子中，所以空白处就多一些。1～9就很容易找了。这是一个寻找一位数字的方法。

2. 寻找二位数时有什么好办法吗？

试试看10～19，这10个数字中的十位数都是"1"，我们可不可以有意识地甩开其他左边为2、3、4……等十位数的数字，仅看左边十位数是"1"的二位数，从10、11、12……这样找起。开始的时候，可能觉得比较别扭，但经常训练后，眼睛的识别能力和捕捉能力会有提高。

然后怎么办？再盯着十位数是"2"的，寻找20～29；十位数是"3"的，寻找30～39；十位数是"4"的，寻找40～49……

这种训练眼睛的方法在很多种训练中都可以用到，训练得多了，眼睛的识别能力和捕捉能力会比没有进行过训练的人灵活得多。

3. 在扫视各数的过程中，还要不断记忆各数字的位置。例如：我们在寻找10时，可能陆续见过16、14等，那就要顺便努力记住它们的位置，等轮到找14、16时，就能马上指出来。

（二）找出与众不同的一个图

找出与众不同的一个图的练习在第四册中有两次，分别是：**第3日，第9日**。

这种题型是将多个形状相近的图形放在一起，让你找出一个与众不同的图来，是观察和思考分析相结合的综合训练。

第3日：图1　　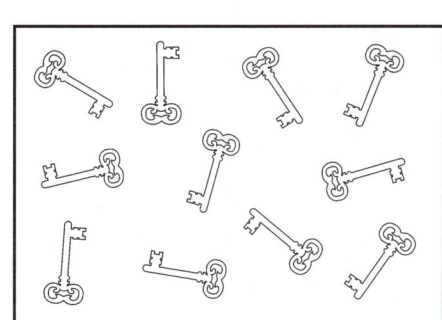图2

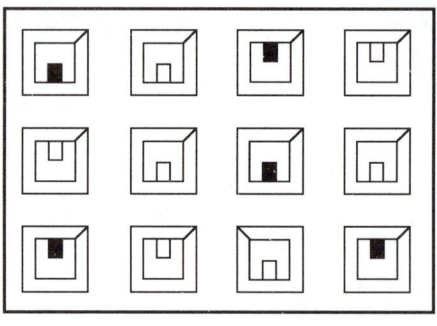

图 3

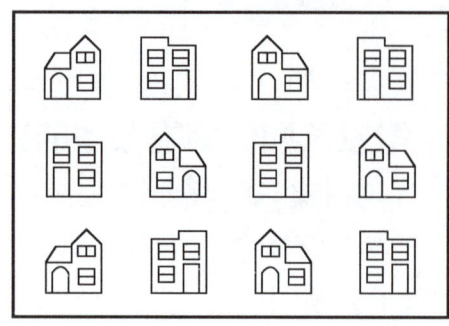

图 4

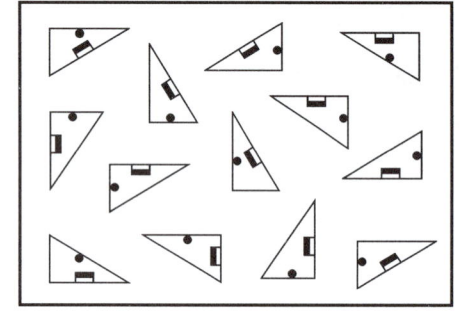

图 1

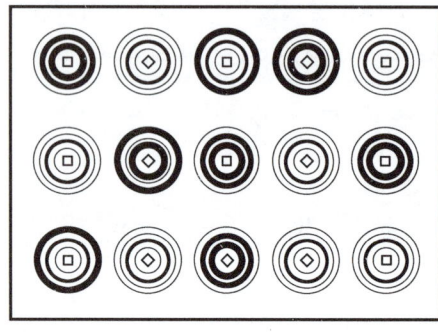

图 2

第 9 日：

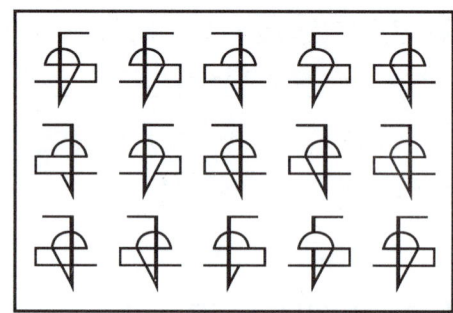

图 3

图 4

▶▶ 对孩子提出的问题，以便孩子分析时作为参考：

1. 所谓的"与众不同"在各个图中可能会出现几种情况？【仅只一个不同，其他都同；其他可能都分别有相同，只有一个找不到同类】

2. 当需要观察的图很多时，你观察有规律吗？一般的规律是什么？【一定要有规律。一般或者从上到下或者从左到右】

3. 当寻找不同的图形时，你的习惯是先找不同的还是先找相同的？【先找相同的，都排除后，就剩下不同的了】

▶▶ 提示给家长如何启发孩子的方法：

举例 1

1. 第 3 日的图 1 和图 2 属于"仅只一个不同，其他都同"的情况，这种题很容易

做出来。

可以采用编号的简单方法，例如：图1左上角的图形是长直角边为粗线的直角三角形，将它定其为"1"。用这个图形与其他图形一一比对，结果发现除了上排第二个直角三角形的粗线是在斜边外，其余都是长直角边为粗线，和"1"相同。确定上排第二个图形"与众不同"（见答案图）。

2. 第3日图2答案图中，所有标"1"的都是钥匙中间的直板与拨锁的小舌头为顺时针安置，只有下排倒数第二的图是直板与拨锁的小舌头为反时针安置，故它"与众不同"。

举例2

第3日的图3、图4和第9日的图1~图4都属于"仅只一个不同，其他分别有相同"的情况。一般只需提醒孩子要有序地一一进行比较即可。

依然采用编号的方法，第一排从左到右分别定其为"1"、"2"、"3"、"4"、"5"，然后用编号图和其他图一一比对。找到相同的图，就标上与这个图一样的标号，最终剩下的就是"与众不同"的一个。

建议所有的图形都找到与它们相同的，最后剩下唯一"与众不同"的那个。即使很快就找到了"与众不同"的那一个，也建议其余图都找到相同的，因为这是增加训练的机会。

答案图：

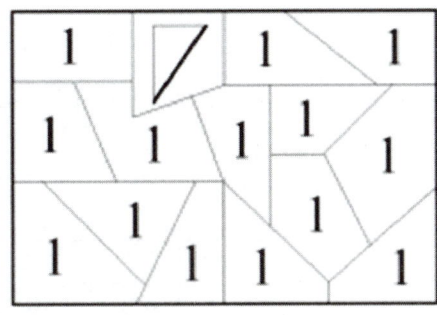

第3日：　　　　　　　　　　　　　　图3

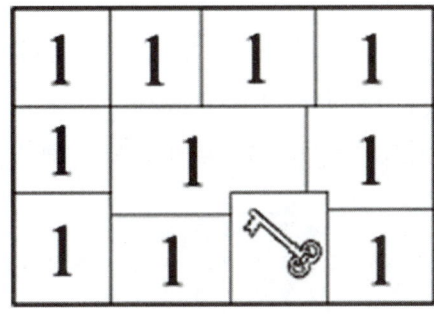

图4

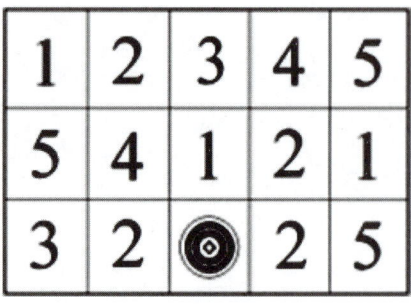

图1

图2

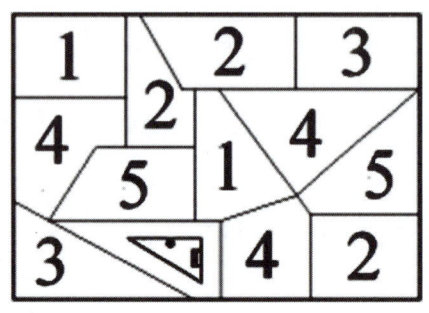

第9日：

图3

图4

（三）数相同图形的数目：

数相同图形的数目的练习在第四册中有八次，分别是：**第4日、第7日，第10日，第13日、第16日、第19日、第22日、第25日。**

要求从很多相近符号中数出各种符号的数目。在第二册和第三册中已介绍了通过分析图形的特点，寻找便捷的方法来数图。

第四册的此类题是符号的总数增多，第4日、第7日、第10日、第13日有150个符号，第16日、第19日、第22日、第25日有216个符号了。但符号的形状比较简单，训练的重点是细心和坚持性。

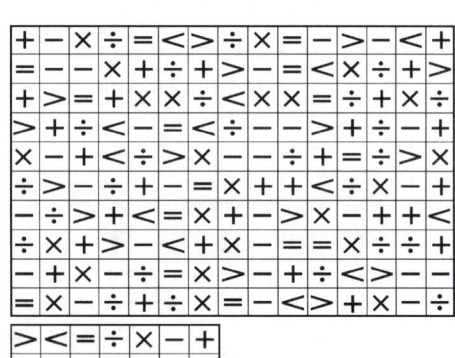

第4日：

1	2	3	4	5	6	7	8	9

第7日：

中	申	甲	由	电	田	白	百	甲	申	白	电	中	由	百
田	申	电	中	百	甲	白	电	百	白	由	中	电	百	电
电	田	中	百	由	白	申	百	由	申	电	百	甲	田	甲
申	由	田	中	申	白	中	中	电	百	由	田	百	甲	由
中	电	中	田	百	甲	白	由	申	甲	电	申	白	白	百
申	甲	电	申	田	田	中	白	电	由	田	甲	白	百	申
由	白	中	电	申	由	田	中	田	甲	中	电	白
百	由	白	电	中	中	百	甲	甲	电	白	电	申	田
甲	中	百	中	申	田	甲	中	百	白	田	由	田	电
申	百	由	白	百	电	中	电	百	甲	甲	由	电	田	百

第 10 日： | 中 | 申 | 甲 | 由 | 电 | 田 | 白 | 百 |
|---|---|---|---|---|---|---|---|
| | | | | | | | |

f	d	p	q	t	q	f	d	p	b	p	f	q	b	t
d	t	b	q	f	b	d	b	f	p	t	d	t	p	b
p	d	q	b	t	q	p	q	b	d	t	b	d	q	b
q	f	b	f	p	p	d	q	f	p	p	d	b	p	f
t	b	q	q	t	b	b	t	p	f	q	f	q	t
d	q	t	b	q	f	d	p	f	d	b	q	p	f
f	p	p	q	d	t	b	f	b	p	b	q	f	q	d
p	q	t	d	p	d	f	b	d	q	d	p	q	q	q
d	d	b	q	t	b	d	f	t	p	t	b	b	p	d
b	d	q	p	f	t	p	q	p	t	b	d	f	t	b

第 13 日： | f | d | p | q | t | b |
|---|---|---|---|---|---|
| | | | | | |

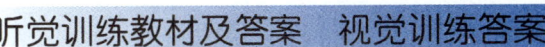

第 16 日： | ＋ | □ | 0 | △ | ○ | × |
|---|---|---|---|---|---|
| | | | | | |

第 19 日：

第 22 日：

米	来	夹	采	未	求	来	来	夹	采	未	来	米	求	夹

第 25 日： | 米 | 来 | 夹 | 采 | 未 | 求 |
|---|---|---|---|---|---|
| | | | | | |

▶️ 对孩子提出的问题，以便孩子分析时作为参考：

1. 当你看到表格中密密麻麻的符号时，感觉怎样？【烦躁。有意思，想做。】

2. 你马上想到的做题方法是什么？【一行一行或一列一列地细心数】

3. 这是训练意志力的题目，你打算如何做这种题？【细心，并随时进行检查】

4. 把全部符号都数好后，应如何确定答案是否正确？【图下面各个符号的总数加起来应该等于题图上全部符号的总数】

5. 如果答案不对时，你能坚持不断重新去数，直到全部数对为止吗？

▶ 提示给家长如何启发孩子的方法：

1. 你已想到了可以横着一行一行地数，也可以竖着一列一列地数。

2. 为了避免漏数或重复数的情况，建议若是横着数，第一行从左到右，第二行则从右到左。第三行又从左到右，第四行则从右到左……若是竖着数，第一列从上到下，第二列从下到上，第三列又从上到下，第四列从下到上……

3. 简便数图方法举例：题中的符号或图形都很相近，但可以寻找它们的特点，采用最简便的方法快速而准确地数出来。

例如：第 19 日的图由两个元素组成，即点和短线，但组合形式有 10 种。先给 10 种图形编号，再按特点来数。可以先以黑点为基准来数：1 号图和 2 号图的黑点分别在右下和左上，数时可以竖着数，眼睛只要看着右下角和左上角的黑点即可；3 号图和 4 号图，一个黑点在下，一个黑点在上，可横着数，只看下部的黑点和上部的黑点即可；其他的就可以参考下表的文字进行数数，就又快又对了。

其他的几题也都比较简单，家长尽量让孩子自己来进行观察和思考，找到图形某个特点，使解题能够简便和快速。

图形	1	2	3	4	5	6	7	8	9	10
数法	纵向数，仅数右下的数	横向数，仅数左上的数	横向数，仅数下部的数	纵向数，仅数上部的数	纵向数，仅数右部的数	纵向数，仅数左部的数	纵向数，仅数右部的数	横向数，仅数左部的数	横向数，仅数上部的数	横向数，仅数下部的数

（四）数叠加图形中相同图形的数目：

数叠加图形中相同图形的数目的练习在第四册中有两次，分别是：**第 5 日，第 12 日**。

第 5 日：　　　　　　　　　　　　　　　　图 1

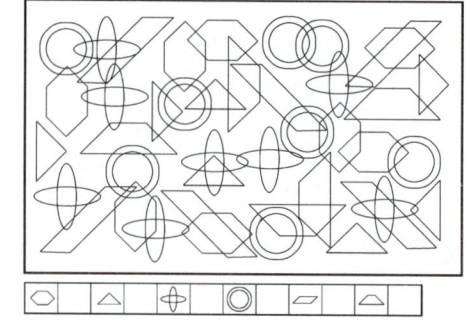

图 2

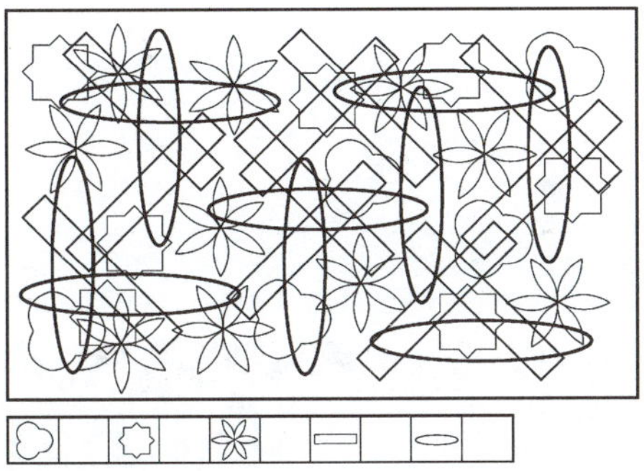

第 12 日： 图 1

图 2

（五）数出有多少个指定的数字：

数出有多少个指定的数字的练习在第四册中有两次，分别是：**第 8 日**，**第 21 日**。在数字表中数出有多少个“65”

第 8 日：

816525646032433652433386356560732428926365
044338204283450033465395606565748063267860
476546889334389655346384215326346546733806
225490656779325862125831428564387353246463
653993608724692807443366065398279462645279
834629286579902468831330465693024633577229
984470336954273465560148792635439470653655
365229589462499671254653142415234624677889
353632654580653695067628904205365135454365
920765039512414296258466596546604496606506
040224934637024698970356339565659434938453
090336229566203876549555347743550339654314

第 21 日：

302423655653445324538289564330245653452030
456243733925026365656394667779435240644321
553024666532543396646685321426542039946395
254650431424328302290635653492653653239554
370654986058524094265366047946332543924352
930456392587632670394424832397006594586766
740564585654265468772252265933026979325881
199439246216602252293365297293158389620533
406765839576287403206544356539034414289756
483433063243296504626712585780229625699870
463392426508247256520917462013846578903243
975312468065764204065070809125437650975310

（六）找出不同部首的词组：

找出不同部首的词组的练习在第四册中有两次，分别是：**第 14 日**，**第 28 日**。

第 14 日：

认 识 猕 猴 证 词 蟒 蛇 咖 喱 摇 摆 浑 浊 捕 捞 咖 啡 波 浪
喇 嘛 挫 折 讨 论 泛 滥 蝌 蚪 吃 喝 波 涛 扶 持 讲 课 蟾 蜍
澎 湃 喷 嚏 蜘 蛛 咧 嘴 汹 涌 训 诫 拥 抱 清 洁 蜻 蜓 咽 喉
海 洋 蜥 蜴 话 语 潮 汐 蚰 蜒 呼 吸 沉 浮 诉 讼 抵 挡 湖 泊
拾 掇 蝴 蝶 咳 嗽 诶 谐 流 泪 螳 螂 呻 吟 狐 狸 深 浅 许 诺
擦 拭 蚯 蚓 游 泳 哮 喘 诽 谤 漩 涡 猛 犸 蝾 螈 澄 清 吩 咐
泡 沫 访 谈 蚂 蚁 沐 浴 挟 持 洗 涤 狼 狈 咕 咚 谬 论 蚱 蜢
淅 江 唠 叨 读 诵 泥 泞 拷 打 猎 狗 汪 洋 蜈 蚣 哽 咽 深 渊
蝙 蝠 咆 哮 河 流 狰 狞 滂 沱 评 议 挑 拨 猞 猁 叮 咛 淘 汰
蛤 蚧 淡 泊 啧 呐 螃 蟹 狩 猎 浑 浊 设 计 挣 扎 活 泼 呼 啸
蝼 蛄 混 沌 猖 狂 嘱 咐 滇 池 蟋 蟀 海 浪 狡 猾 诉 说 挖 掘
沙 滩 根 据 猢 狲 吼 叫 蚂 蟥 涟 漪 捕 捉 蟑 螂 喉 咙 狻 猊

第 28 日：

姑 娘 纤 维 花 草 栅 栏 胸 腔 疾 病 玛 瑙 奴 婢 莴 苣 膀 胱
继 续 芙 蓉 妊 娠 缝 纫 芍 药 梧 桐 胼 胝 痢 疾 玫 瑰 娉 婷
经 络 菖 蒲 肝 胆 蔷 薇 姨 妈 经 纬 芬 芳 核 桃 腿 脚 痢 疾
珍 珠 婚 嫁 纽 绊 萌 芽 脂 肪 芭 蕉 姐 妹 缤 纷 芹 菜 棺 材
胸 脯 疟 疾 玳 瑁 媒 婆 纨 绔 蘑 菇 肿 胀 花 蕊 婶 娘 纺 纱
芦 苇 模 样 膨 胀 疙 瘩 珊 瑚 婆 媳 葡 萄 肺 脏 缆 绳 蒺 藜
妩 媚 伴 侣 茉 莉 枇 杷 胳 膊 瘰 疬 琉 璃 娼 妇 菩 萨 榜 样
组 织 肚 脐 妯 娌 绸 缎 伺 候 苜 蓿 柠 檬 脾 胃 疥 疮 琥 珀
嫦 娥 葫 芦 槟 榔 朦 胧 妖 娆 丝 线 假 使 芦 荟 栏 杆 肩 膀
痔 疮 珐 琅 婵 娟 莱 菔 樱 桃 脊 背 婀 娜 癫 痫 结 缘 伶 俐
茗 茶 杨 树 肥 胖 疤 痕 玻 璃 葵 花 橄 榄 肩 胛 姑 嫂 瘫 痪
缰 绳 仿 佛 孳 荠 森 林 胚 胎 保 佑 疼 痛 莲 蓬 蒜 苗 机 构

（七）从纷乱的图中找出与标准图相同的图：

从纷乱的图中找出与标准图相同的图的练习在第四册中有四次，分别是**第 17 日**、

第 18 日、第 23 日、第 26 日。

此项训练要从纷乱的图形中分辨出与左上角标准图相同的图形，难度确实比较大。在视频"第一讲探究式教学法"中已作讲解。

这里不再详述。

第 17 日：

第 18 日：

第 23 日：

第 26 日：

（八）找出成语

找出成语的练习在第四册中只有一次，为**第 27 日**。

下图中有 188 个汉字，可以组成常见的成语 47 条。此题要求学生从其中找出 12 条成语。因为汉字很多，并且同一个字会出现好几个，允许用笔划掉用过的汉字。

鼓励找到更多的成语。

短	荣	盗	补	生	月	弹	不	蛇	杵	大		羞	点	牟	无	卧
繁	鱼	好	龙	骨	洋	图	居	人	绣		小	巧	眉	目	铃	志
直	及	待	千	车	笋	公	武	高		叶	兴	昌	琴	河	绿	莫
中	井	锦	自	耳	捞	底	假		夜	洗	月	兔	虎	起	月	落
疾	秀	铁	清	忘	扬	致		红		百	满	山	高	八	追	手
画	五	自	上	狐	胆		镶	日	分		食	吞	活	上	添	目
羊	香	大	牛	柳	威	能	废	亡		精		充	之	悬	望	成
发	刺	才	弱	滥	中	蒸		花		枣	生	雁		示	学	公	不
画	甘	寝	傲	奋	囫	花	悍		数	语	守	足	叹		鸟	虎	睛
快	盲	坐	沉	转	道	心		富	水	威	大	花	骄	盛		摸	百
尝	龙	耳	来	株	望		对	后	蒸	掩	圆	象	山	专	熟	眼
龙	花	闭	恭	水		郎	私	针	蛙	好	斗	梁	万	薪	睛	听

第 27 日：

（九）找出五言律诗：

找出五言律诗的练习在第四册中只有一次，为**第 29 日**。

下图中有 198 个汉字，可以组成常见的五言律诗 10 首。此题要求学生从其中找出 4 首五言律诗。因为汉字很多，并且同一个字会出现好几个，允许用笔划掉用过的汉字。

鼓励找到更多的五言律诗。

色	离	山	水	有	床	八	皆	上	歌	中	粒	响	晓	见	黄		
地	只	觉	返	九	山	吹	人	明	在	河	听	前	十	曲		此	
春	鹅	楼	谁	土	绿	言	雨	四	中	波	千	门	上		滴	青	
空	当	二	举	海	近	不	上	惊	处	处	火	禾		夜	在	不	
松	闻	低	云	月	一	问	吾	日	生	依	人		明	目	来	子	
红	烟	照	春	穷	辛	春	还	鹅	不	禾		知	鸟	一	下	清	
头	林	疑	前	向	山	更	眠	知	五	远	荣	声	苦	午	花		
去	层	深	花	无	故	里	望	离	看	鸟	童	水	烧	语	白		
原	村	浮	七	月	药	盘	白		来	一	家	少	下	枝	项	人	
去	头	欲	乡	三	野	采	里	多	六	拨	草	毛	不	尽	望	师	汗
知	流	一	人	掌	不	声	啼	又	粒	餐	落	日	闻	尽	复	霜	人
鹅	思	树	风	花	风	天	山	上	处	锄	光	但	岁	景	枯	深	是

第 29 日：

三、视觉转移：

（一）填写缺失的数字

填写丢缺的数字的练习在第四册中有三次，分别是：**第 3 日**，**第 12 日**，**第 22 日**。

第 3 日：

表 1
```
3305727036575959191953092186117381932611 79
3105118548074462379962749567351885752724
8912279381830119491298336733624406566430
86021394946395224737190702179860094370277
05392171762931767523846748184676694 05132
```

表 2

33	572	03	575	59	953	92	8	117	81	326	17
310	11	54807	462	79	627	95	735	88	7	272	
89	227	38	830	19	91298	367	36	440	56	430	
60	1	949	63	522	73	190	02	79860	437	27	
053	21	176	93	7	752	84	748	84	766	40	132

第 12 日：

表 1
```
0005681271452635608277857
7134275778960917363717872
1468440901224953430146549
5853710507922796892589235
4201995611212902196086403
4418159813629774771309960
5187072113499999983729780
4995105973173281609631859
```

表 2

00	56	12	14	26	56	82	78	7
7	34	75	78	60	17	63	17	72
46	44	90	22	95	43	14	54	
5	53	10	07	22	96	92	89	35
42	19	56	12	29	21	60	64	3
41	15	81	62	77	77	30	96	
51	70	21	34	99	99	37	97	0
4	95	05	73	73	81	09	31	59

50244594553469083026425 22		50 4 594 5 46 0 302 4 52
30825334468503526193 11 881		3 825 3 46 5 352 1 31 881
71010000313783875288658753		10 0 031 7 38 5 886 8 53
32083814206171776691 47 303		320 3 14 0 171 7 69 4 303
59825349042875546873 11 595		59 2 34 042 7 5 68 3 15 5
62863882353787593751 95 778		6 863 82 5 787 9 75 9 77
18577805321712268066 13 001		85 78 53 17 22 8 66 3 01
92787661119590921642 01 989		9 78 66 11 59 92 6 20 989

第 22 日： 表1   表2

（二）填写缺失的汉字和拼音：

填写缺失的汉字和拼音的练习在第四册中有三次，分别是：**第 5 日**，**第 15 日**，
第 24 日。

第 5 日： 表1   表2

第 15 日： 表1   表2

第 24 日： 表1   表2

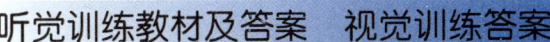

（三）填写缺失的汉语拼音：

填写缺失的汉语拼音的练习在第四册中有三次，分别是：**第 8 日，第 17 日，第 26 日。**

第 8 日： 表 1
```
dì zǐ guī, shèng rén xùn; shǒu xiào tì, cì jǐn xìn。
fàn ài zhòng, ér qīn rén; yǒu yú lì, zé xué wén。
fù mǔ hū, yìng wù huǎn; fù mǔ mìng, xíng wù lǎn。
fù mǔ jiào, xū jìng tīng; fù mǔ zé, xū shùn chéng。
dōng zé wēn, xià zé qìng; chén zé xǐng, hūn zé dìng。
chū bì gào, fǎn bì miàn; jū yǒu cháng, yè wú biàn。
shì suī xiǎo, wù shàn wéi; gǒu shàn wéi, zǐ dào kuī。
wù suī xiǎo, wù sī cáng; gǒu sī cáng, qīn xīn shāng。
qīn suǒ hào, lì wèi jù; qīn suǒ wù, jǐn wèi qù。
shēn yǒu shāng, yí qīn yōu; dé yǒu shāng, yí qīn xiū。
qīn ài wǒ, xiào hé nán; qīn wù wǒ, xiào fāng xián。
qīn yǒu guò, jiàn shǐ gēng; yí wú sè, róu wú shēng。
jiàn bú rù, yuè fù jiàn; háo qì suí, tà wú yuàn。
```

表 2
```
dì ǐ guī, shèng r n xùn; shǒu xi o tì, cì jǐn xì。
fàn ài zhòng, ér qīn r n; yǒu yú lì, zé ué wén。
ù mǔ hū, yìng w huǎn; fù mǔ mì g, xíng wù lǎn。
fù m jiào, xū jìng tīng; fù mǔ zé, x shùn chéng。
dōng zé ēn, xià zé jìn chén zé xǐng, ūn zé dìng。
chū bì gào, fǎn bì miàn。 jū yǒu cháng, yè wú b àn。
s ì suī xiǎo, wù hàn wéi; gǒu s àn wéi, zǐ dào uī。
wù suī iǎo, wù sī cán gǒu sī cáng, q n xīn shāng。
qīn suǒ h o, lì wèi jù; qī suǒ wù, jǐn wèi qù。
hēn yǒu shān, yí qīn yōu; dé ǒu shāng, yí q n xiū。
qīn à wǒ, xiào hé ná qīn wù wǒ, xià fāng xián。
q n yǒu guò, jiàn shǐ gēng; yí w sè, róu wú shē g。
jiàn b rù, yuè fù jià háo qì suí, tà ú yuàn。
```

第 17 日： 表 1
```
qīn yǒu jí, yào xiān cháng; zhòu yè shì, bù lí chuáng。
sāng sān nián, cháng bēi yè; jū chù biàn, jiǔ ròu jué。
sāng jìn lǐ, jì jìn chéng; shì sǐ zhě, rú shì shēng。
xiōng dào yǒu, dì dào gōng; xiōng dì mù, xiào zài zhōng。
cái wù qīng, yuàn hé shēng; yán yǔ rěn, fèn zì mǐn。
huò yǐn shí, huò zuò zǒu; zhǎng zhě xiān, yòu zhě hòu。
zhǎng hū rén, jí dài jiào; rén bú zài, jǐ jí dào。
chēng zūn zhǎng, wù hū míng; duì zūn zhǎng, wù jiàn néng。
lù yù zhǎng, jí qū yī; zhǎng wú yán, tuì gōng lì。
qí xià mǎ, chéng xià chē; guò yóu dài, bǎi bù yú。
zhǎng zhě lì, yòu wù lì; zhǎng zhě zuò, mìng nǎi zuò。
zūn zhǎng qián, shēng yào dī; dī bù wén, què fēi yí。
jìn bì qū, tuì bì chí; wèn qǐ duì, shì wù yí。
```

表 2
```
q n yǒu jí, yà xiān chán zhòu yè sh bù lí chuán。
sāng ān nián, ch ng bēi yè; j chù biàn, ju ròu jué。
ǎng jìn lǐ, ì jìn chén shì sǐ zhě, ú shì shēn。
xi ng dào yǒu, ì dào gōng; iōng dì mù, iào zài zh ng。
cái wù īng, yuàn h shēng; yán ǔ rěn, fèn z mǐn。
huò yǐn í, huò zuò zǒu; zhǎ g zhě xiān, òu zhě hòu。
z ǎng hū ·rén, ǐ dài jiào; én bú zài, j jí dào。
chēn zūn zhǎng, ù hū míng; d ì zūn zhǎn wù jiàn né g。
lù yù zh ng, jí qū yī; hǎng wú yá, tuì gōng l。
qí xi mǎ, chéng x à chē; guò y u dài, bǎi b yú。
hǎng zhě l, yòu wù lì; z ǎng zhě zu mìng nǎi z ò。
zūn z ǎng qián, s ēng yào dī; ī bù wén, qu fēi yí。
jì bì qū, tuì b chí; wèn qǐ uì, shì wù yí。
```

第 26 日： 表 1
```
shì zhū fù, rú shì fù; shì zhū xiōng, rú shì xiōng。
zhāo qǐ zǎo, yè mián chí; lǎo yì zhì, xī cǐ shí。
chén bì guàn, jiān shù kǒu; biàn niào huí, zhé jìng shǒu。
guàn bì zhèng, niǔ bì jié; wà yǔ lǚ, jù jǐn qiè。
zhì guàn fú, yǒu dìng wèi; wù luàn dùn, zhì wū huì。
yī guì jié, bú guì huá; shàng xún fēn, xià chèng jiā。
duì yǐn shí, wù jiǎn zé; shí shì kě, wù guò zé。
nián fāng shào, wù yǐn jiǔ; yǐn jiǔ zuì, zuì wéi chǒu。
bù cóng róng, lì duān zhèng; yī yán shēn, ài gōng jìng。
wù jiàn yù, wù bǒ yǐ; wù jī jù, wù yáo bì。
huǎn jiē lián, wù yǒu shēng; kuān zhuǎn wān, wù chù léng。
zhí xū qì, rú zhí yíng; rù xū shì, rú yǒu rén。
shì wù máng, máng duō cuò; wù wèi nán, wù qīng luè。
```

表 2
```
s ì zhū fù, ú shì fù; hì zhū x ong, rú s ì xiōng。
zhā qǐ zǎo, y mián ch lǎo yì z ì, xī cǐ s í。
hén bì g àn, jiān hù kǒu; bàn niào uí, zhé jìng shǒu。
gu n bì zhèng, niǔ bì ié; wà yǔ ǔ, jù jīn iè。
zhì gu n fú, yǒu ìng wèi; ù luàn d n, zhì wū uì。
yī gì jié, bú uì huá; s àng xún ēn, xià èng jiā。
uì yǐn s í, wù jiǎ zé; shí sì kě, wù g ò zé。
ni n fāng s ào, wù yǐ jiǔ; yǐn iǔ zuì, z ì wéi ch u。
bù c ng róng, ì duān z èng; yī y án shēn, ài gōng ìng。
wù j àn yù, wù ǒ yǐ; wù j jù, wù yá bì。
h ǎn jiē lán, wù yǒ shēng; k ān zhuā wān, wù c ù léng。
hí xū qì, ú zhí yí g; rù xū sì, rú yǒu r n。
s ì wù mán, máng du cuò; wù w ì nán, wù īng luè。
```

（四）填写缺失的汉字和符号

填写缺失的汉字和符号的练习在第四册中有三次，分别是：**第 10 日，第 19 日，第 29 日。**

第 10 日：

表 1

八	波	比	不	宝	百	北	办	本	宾	帮	崩	兵	Q	q	Ē	e	T	t	U
u	Ō	o	怕	坡	皮	扑	跑	拍	陷	盘	盆	品	胖	朋	平	s	S	F	
h	H	k	K	马	摸	米	木	毛	理	没	慢	门	民	忙	梦	明	ǒ	ě	é
ū	ī	ú	ǔ	法	佛	扶	非	凡	分	方	风	10	38	56	74	92	大	多	得
地	肚	刀	代	但	斗	丢	顿	当	灯	丁	冬	ǎ	ó	é	è	ì	í	ǔ	他
驮	特	体	兔	逃	头	太	推	谈	吞	汤	疼	听	同	a	Ā	l	i	u	W
拿	诺	你	闹	牛	乃	南	您	能	宁	b	B	m	M	d	D	n	N		

表 2

八		比	不		百		办			宾	帮		兵	Q		Ē		T	t	U
u	Ō		怕	坡		扑		拍	陷		盆	品		朋		s	S	F		
h		k			摸	米	木	毛		没		门	民	忙	梦	明	ǒ	ě	é
	ī	ú	ǔ	法		扶		凡	分	方	风		38		74			多	得
肚		刀			斗		顿		灯		冬	ǎ	ó	é	è	ì	í		他
驮	特		兔	逃		太	推			汤	疼	听	同	a		l	i	u	W
诺		你		牛	乃	南			宁		B		M	d		n	N		

第 19 日：

表 1

拉	罗	里	路	老	楼	流	来	雷	兰	林	绿	轮	狼	龙	冷	玲	zh	z	ch
c	sh	s	个	古	高	勾	改	给	归	干	跟	棍	刚	更	工	á	ò	ě	×
ǐ	ū	ù	可	哭	扩	考	口	开	亏	看	肯	困	康	空	坑	ao	ai	an	ang
、	、	;	:	哈	火	和	户	好	后	害	黑	回	汗	很	昏	行	红	横	
ou	ong	！	？	家	几	就	尖	今	军	江	井	ei	en	eng	其	恰	求	巧	
千	亲	群	强	穷	青	L	l	J	j	R	r	G	g	Z	z	Y	y	X	x
C	c	下	西	休	小	先	心	寻	香	凶	星	ǒ	ò	è	÷	ì	ǔ	ú	杂

表 2

拉		里	路		楼		来		兰	林	绿		狼		冷	玲		z	ch
	sh		个	古		勾		给		干		棍		更	工	á	ò	ě	×
ǐ		ū		可		考	口		亏		肯		康		坑	ao		a	ang
、		;	:	哈		和			后		黑		汗	很		行	红		
ou		！		家	几	就		尖	今	军	江				其	恰		巧	
千		强			青	L	l					r		Z	z	Y		X	x
		下	西	休		先		寻	香	凶		ǒ	ò	è		ì	ǔ		杂

第 29 日：

表 1

则	作	子	足	平	走	在	贼	最	咱	尊	脏	总	增	ū	<	V	P	>	p
炸	这	抱	只	住	找	周	摘	道	站	真	准	丈	中	正	Z	R	110	119	120
ai	=	I	Y	擦	册	次	错	草	才	催	委	寸	藏	层	从	ai	F	L	M
N	S	X	"	'	(	《	—	…	荼	车	蟀	尺	出	吵	优	柴	吹	产	尘
春	长	虫	成	iu	in	ing	ui	un	洒	色	所	司	诉	扫	搜	赛	岁	伞	森
孙	桑	僧	送	ou	=	O	U	Q	W	y	=	i	=	yi	=	B	C	D	E
G	P	T	V	沙	社	说	是	书	少	手	晒	水	山	身	顺	上	生	ei	=
A	H	J	K	热	日	如	绕	肉	锐	让	容	仍	w	=	u	=	wu	%	窜

表 2

	作	子	足	平	走	在		最	咱		脏		增	ū		V		>	p
炸		抱		住	找		摘	道		真		丈	中		Z	R	110		120
	=	I	Y	擦		次		草	才		委	寸		层	从		F	L	M
N		X	"	'	(	《		…	荼		蟀		出		优		吹		尘
春			成		in			un		色		司		扫		赛	岁	伞	森
	桑	僧	送		=	O	U		W		=	i	=	yi	=	B		D	
G	P		V	沙	社	说		书		手		水	山	身		上	生		
A		J	K		日		绕		锐			仍		=	u	=	wu	%	

图书在版编目（ＣＩＰ）数据

30 天注意力提升. 第四阶 / 杨其铎等著. -- 长沙 :湖南科学技术出版社，2019.1
ISBN 978-7-5357-9996-8

Ⅰ．①3… Ⅱ．①杨… Ⅲ．①注意－能力培养－小学－教学参考资料 Ⅳ．①G625.5

中国版本图书馆 CIP 数据核字(2018)第 243866 号

30TIAN ZHUYILI TISHENG DISIJIE
30 天注意力提升 第四阶
著　　者：杨其铎　刘　津　刘人嘉
责任编辑：何　苗　柏　立
出版发行：湖南科学技术出版社
社　　址：长沙市湘雅路 276 号
　　　　　http://www.hnstp.com
湖南科学技术出版社天猫旗舰店网址：
　　　　　http://hnkjcbs.tmall.com
印　　刷：长沙宇航印刷有限公司
　　　　　（印装质量问题请直接与本厂联系）
厂　　址：长沙市岳麓区望城坡街道航天大院 5 栋
邮　　编：410200
版　　次：2019 年 1 月第 1 版
印　　次：2019 年 1 月第 1 次印刷
开　　本：889mm×1194mm　1/16
印　　张：15.25（共二册）
书　　号：ISBN 978-7-5357-9996-8
定　　价：72.00 元(共二册)

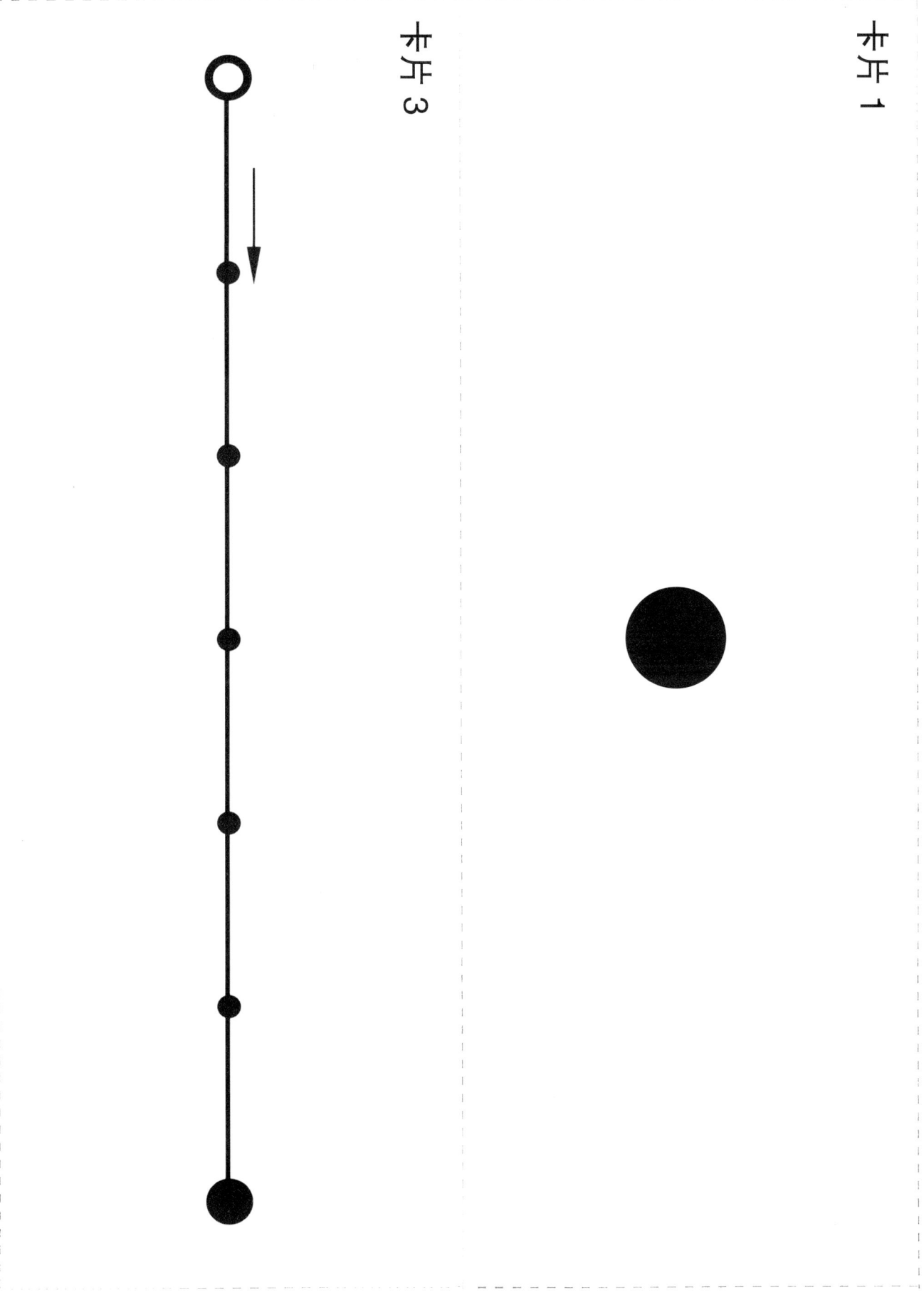

卡片 1

卡片 3

卡片 2

卡片 4

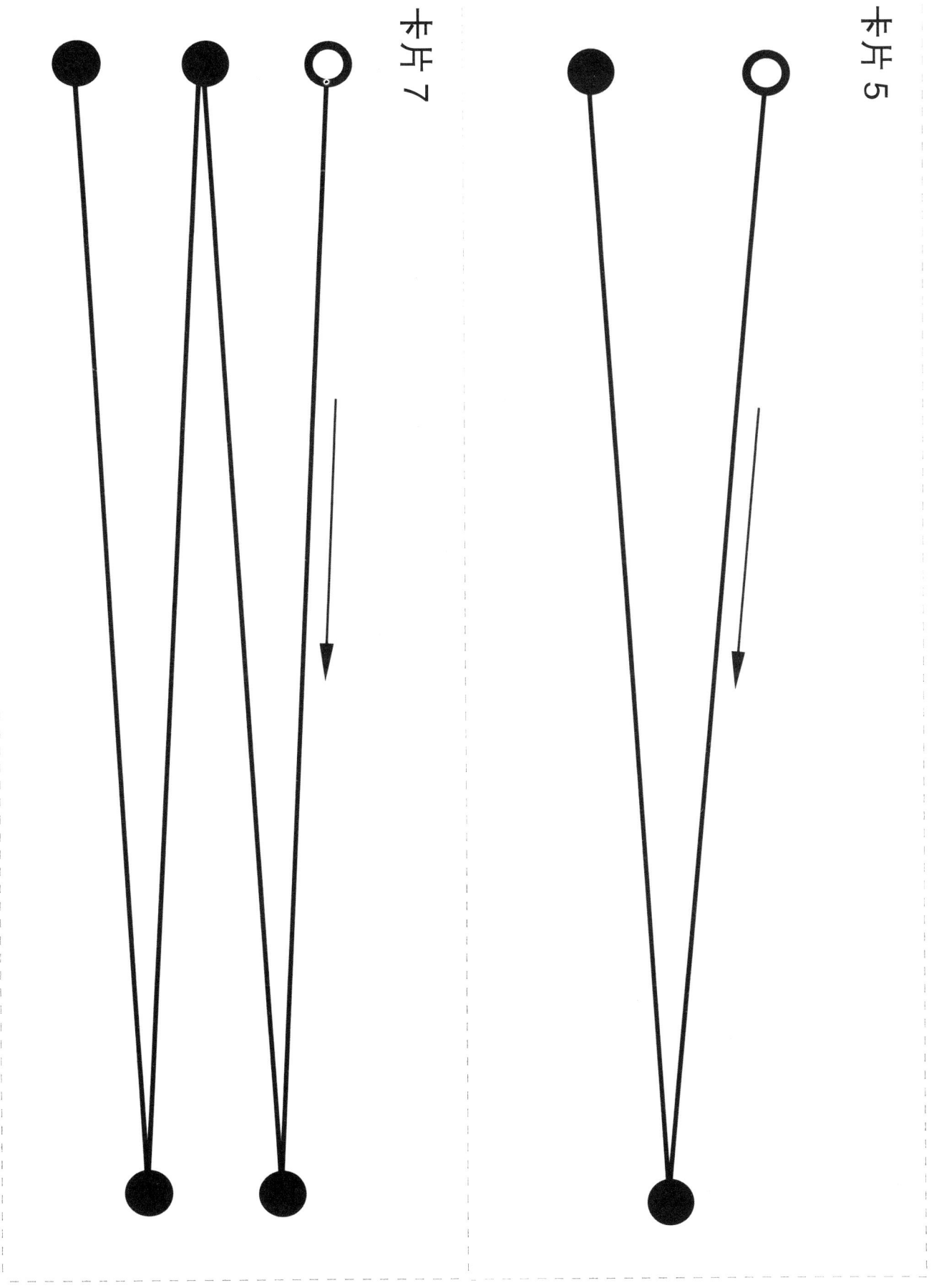

卡片 7

卡片 5

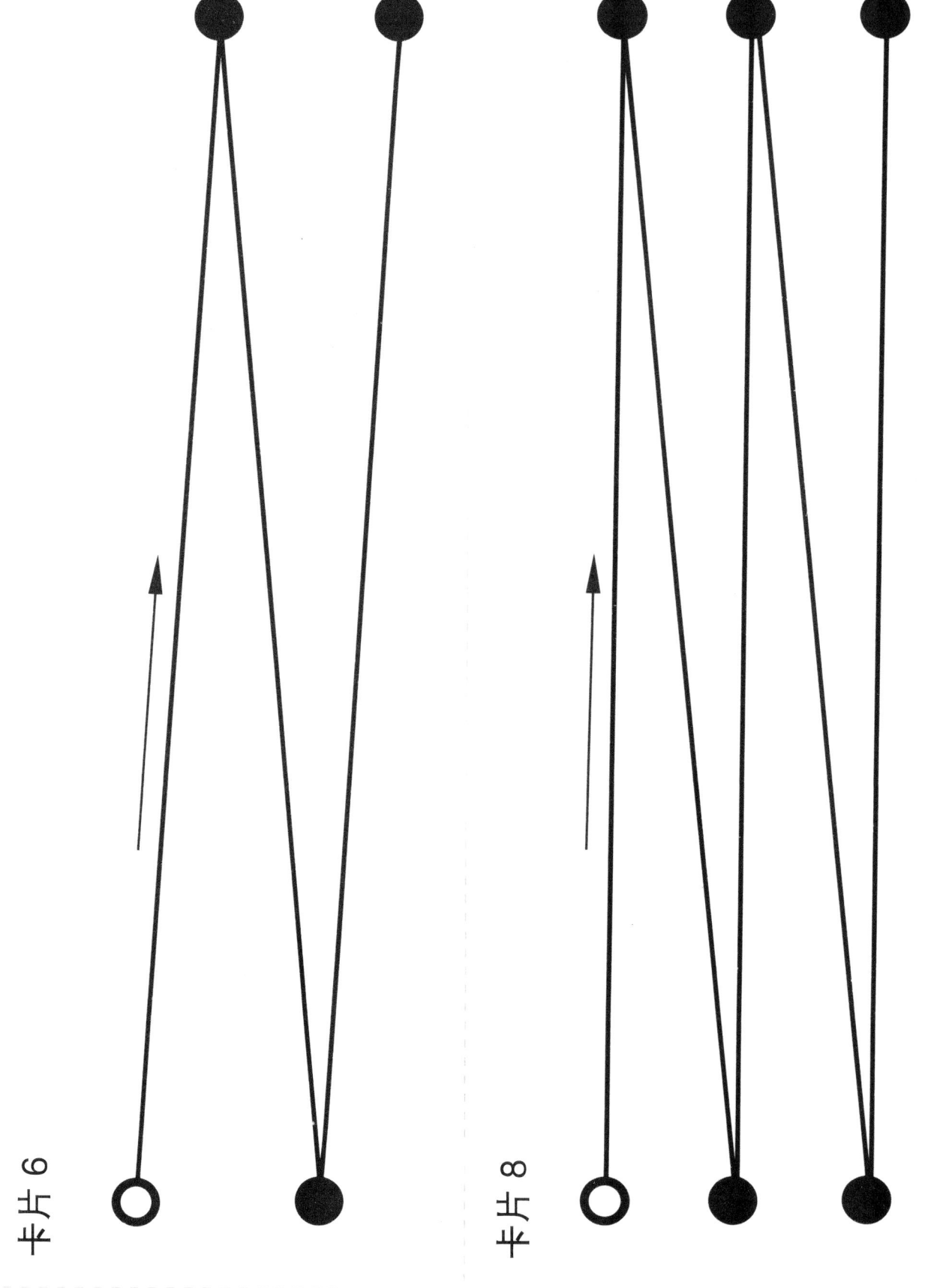

卡片 6

卡片 8

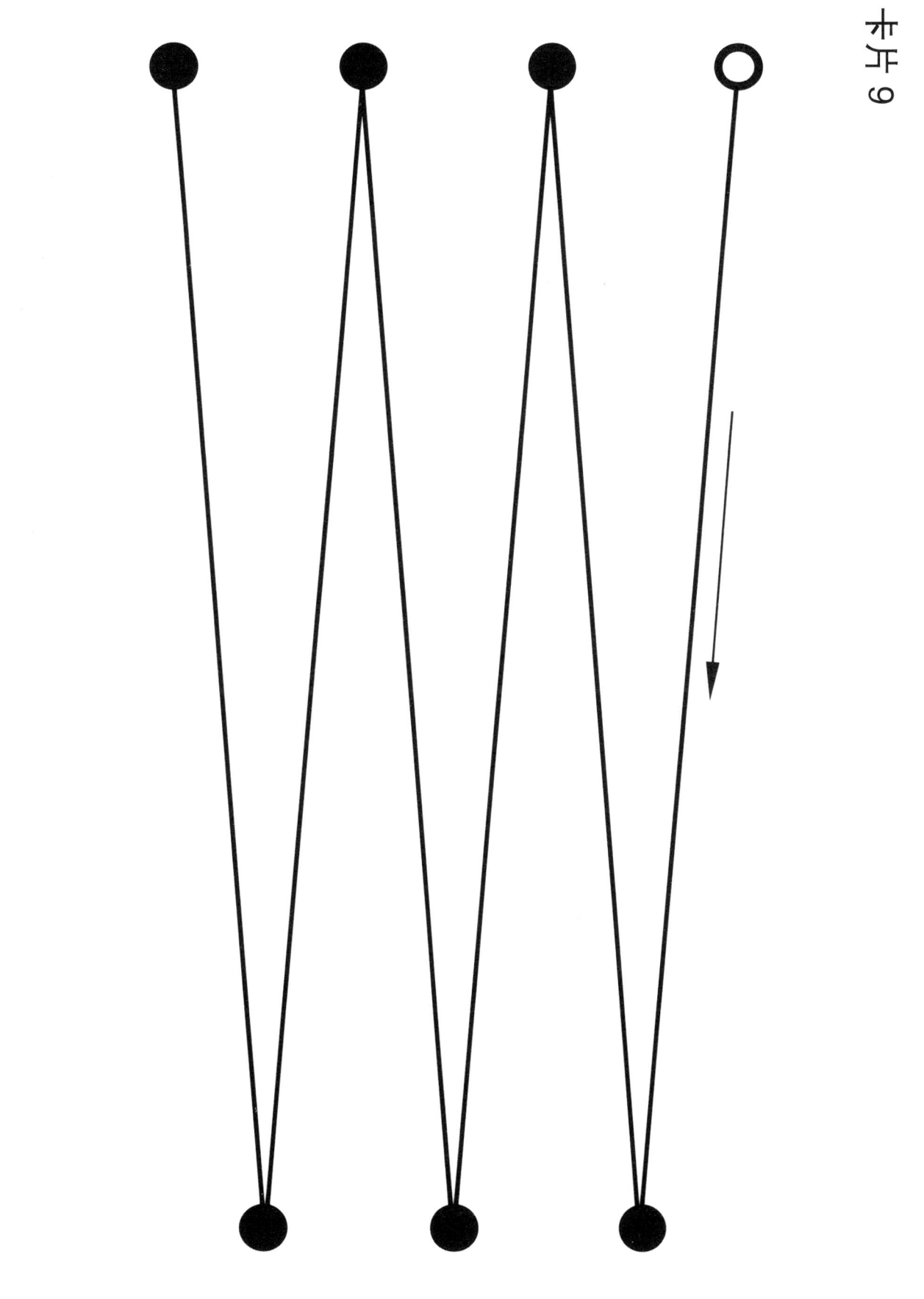

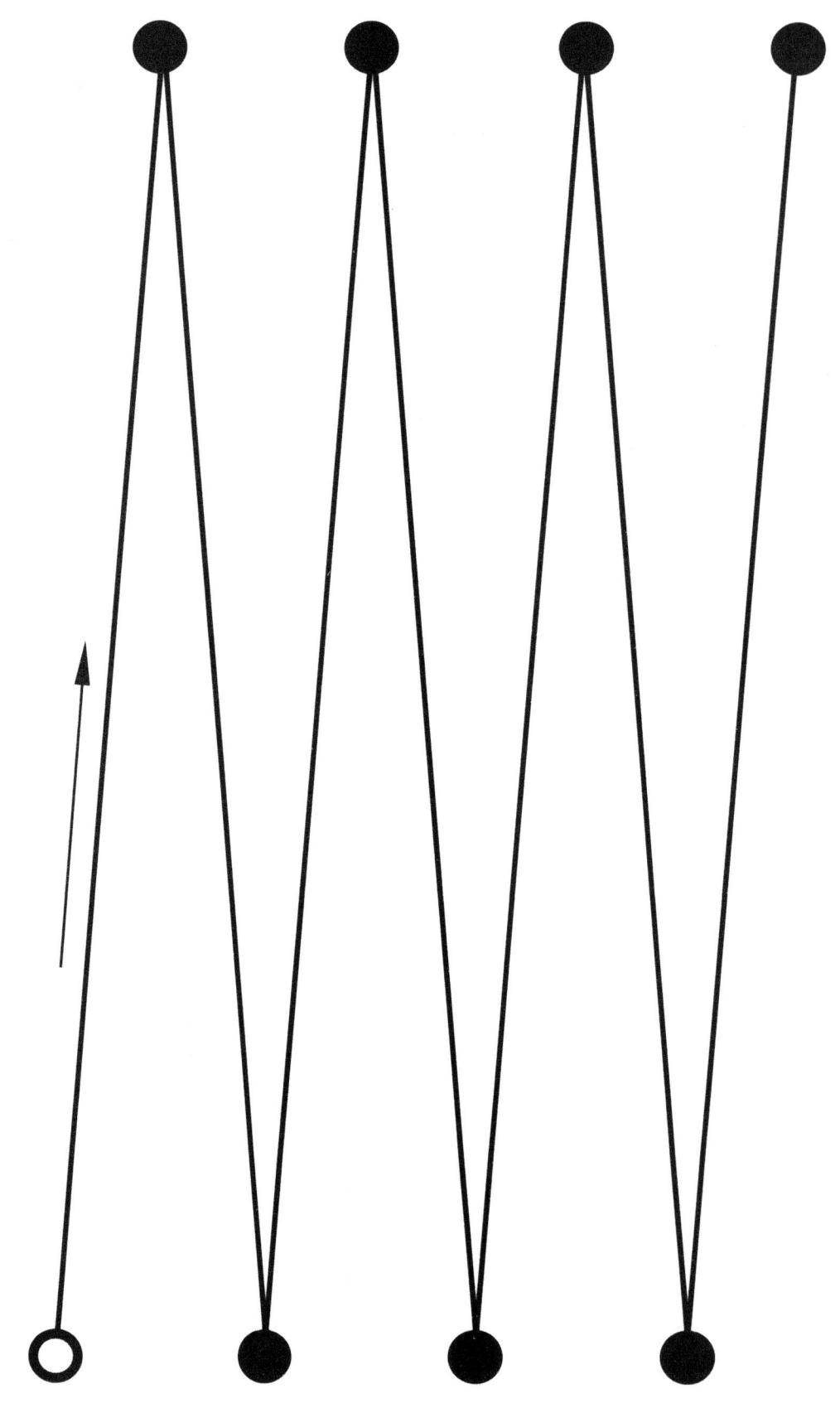

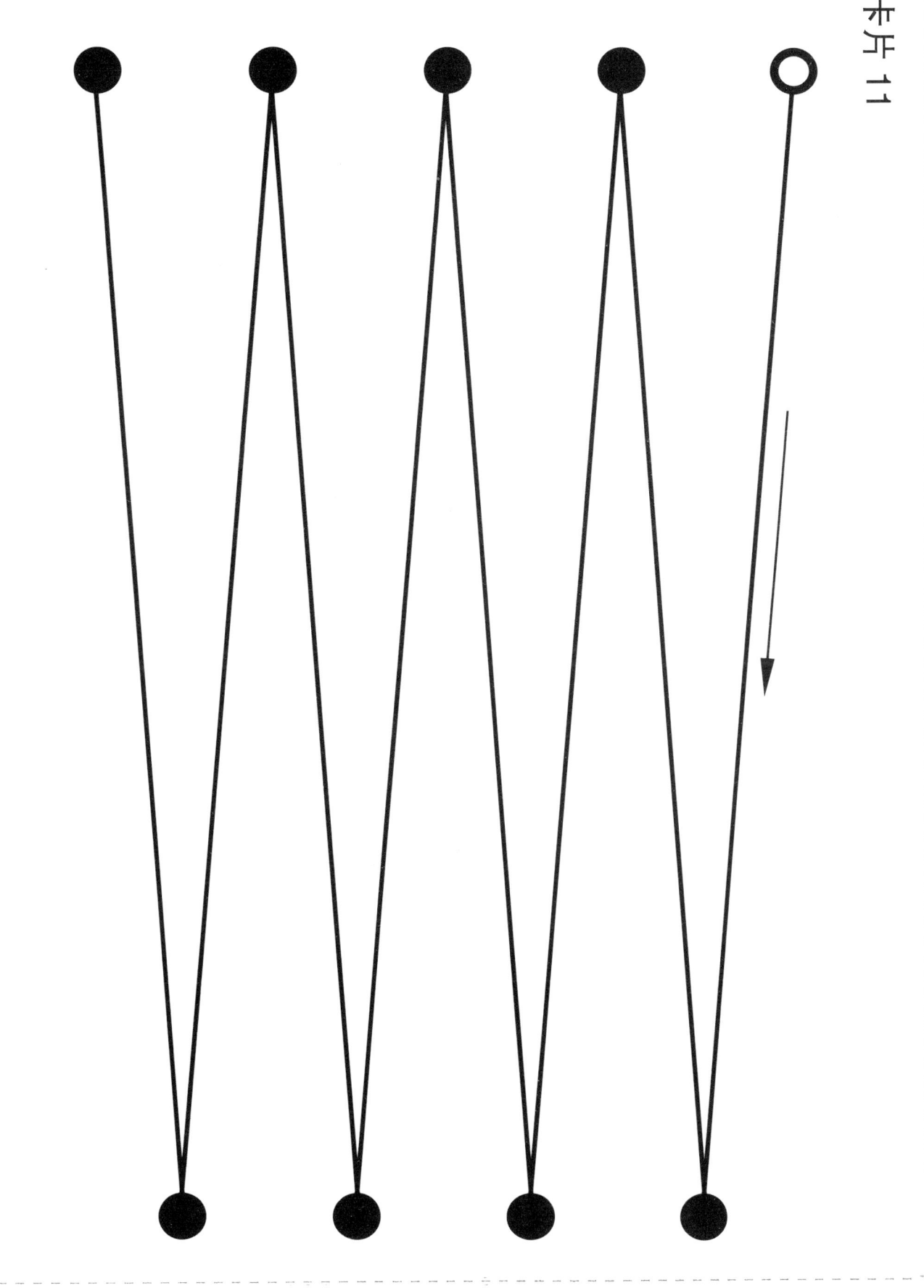

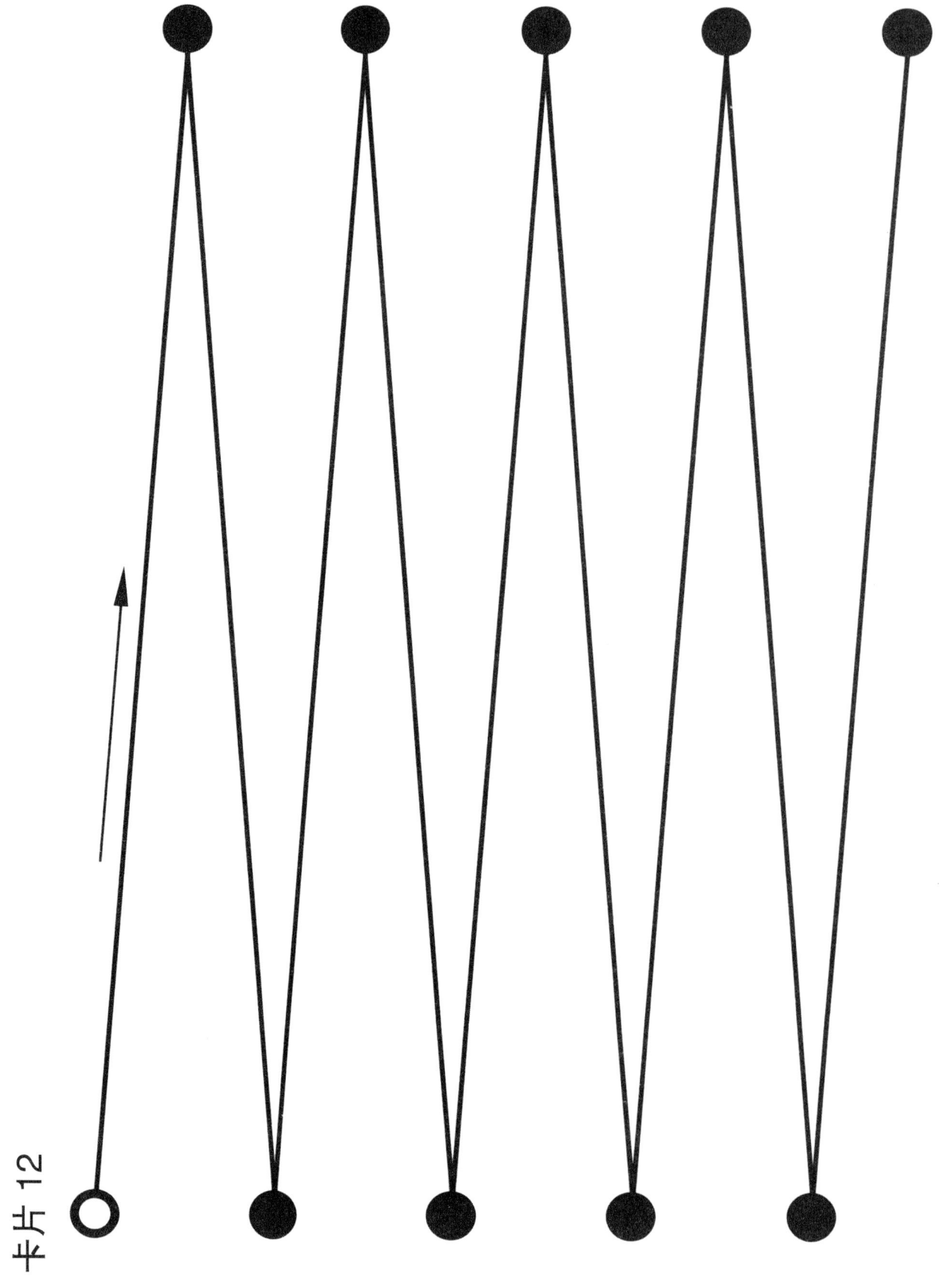

卡片 12

卡片 13

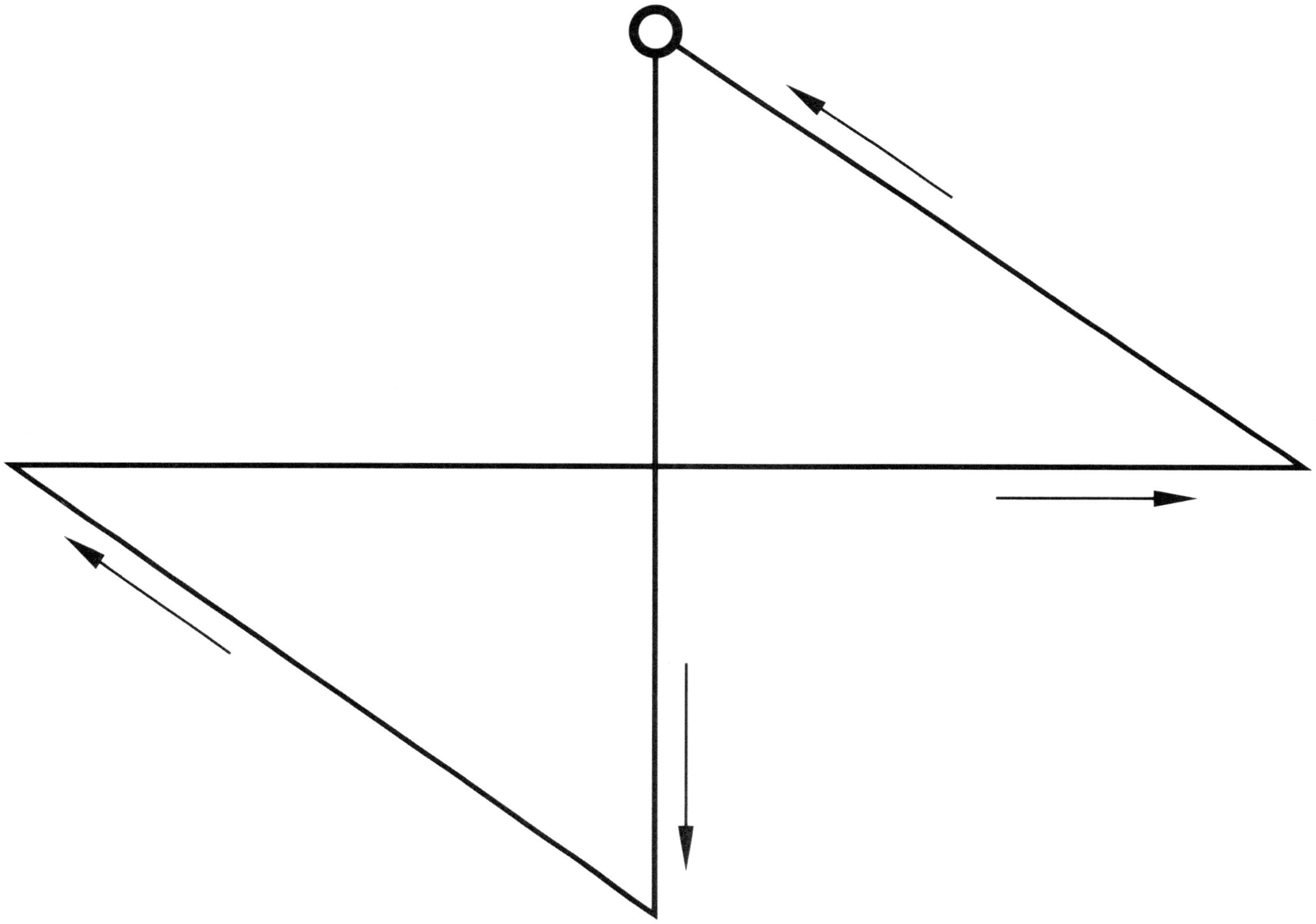

卡片14

卡片 15

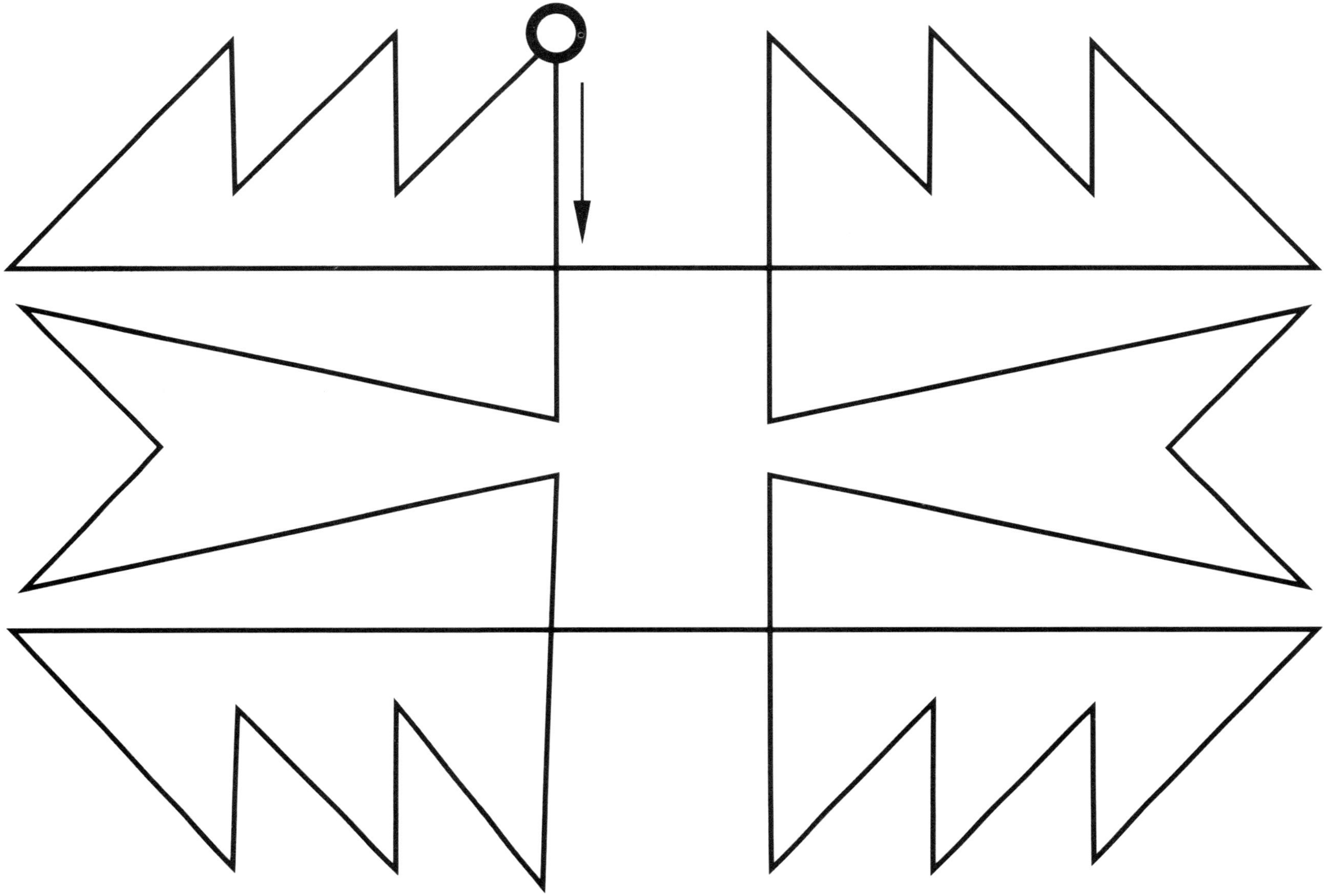

卡片 16

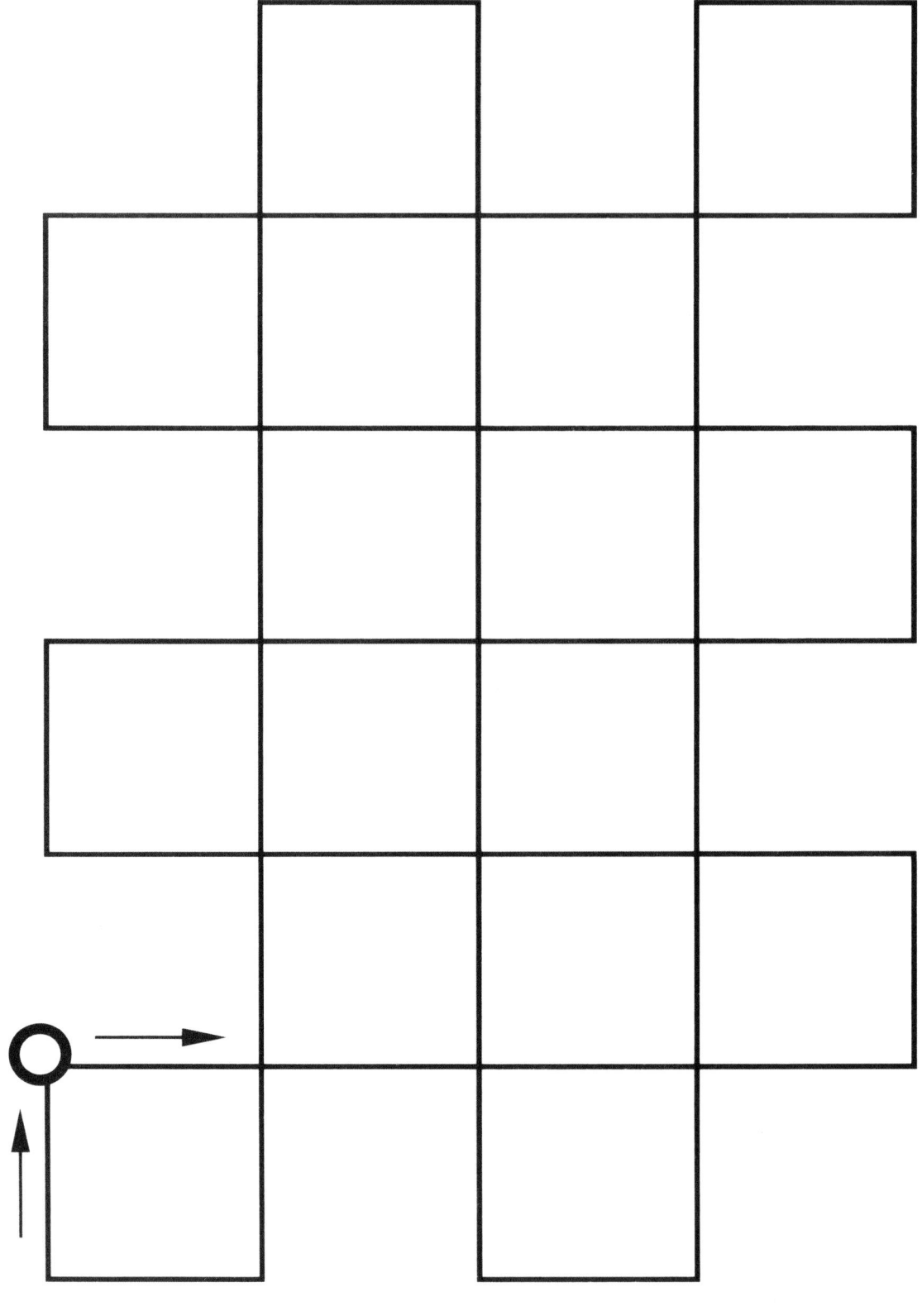

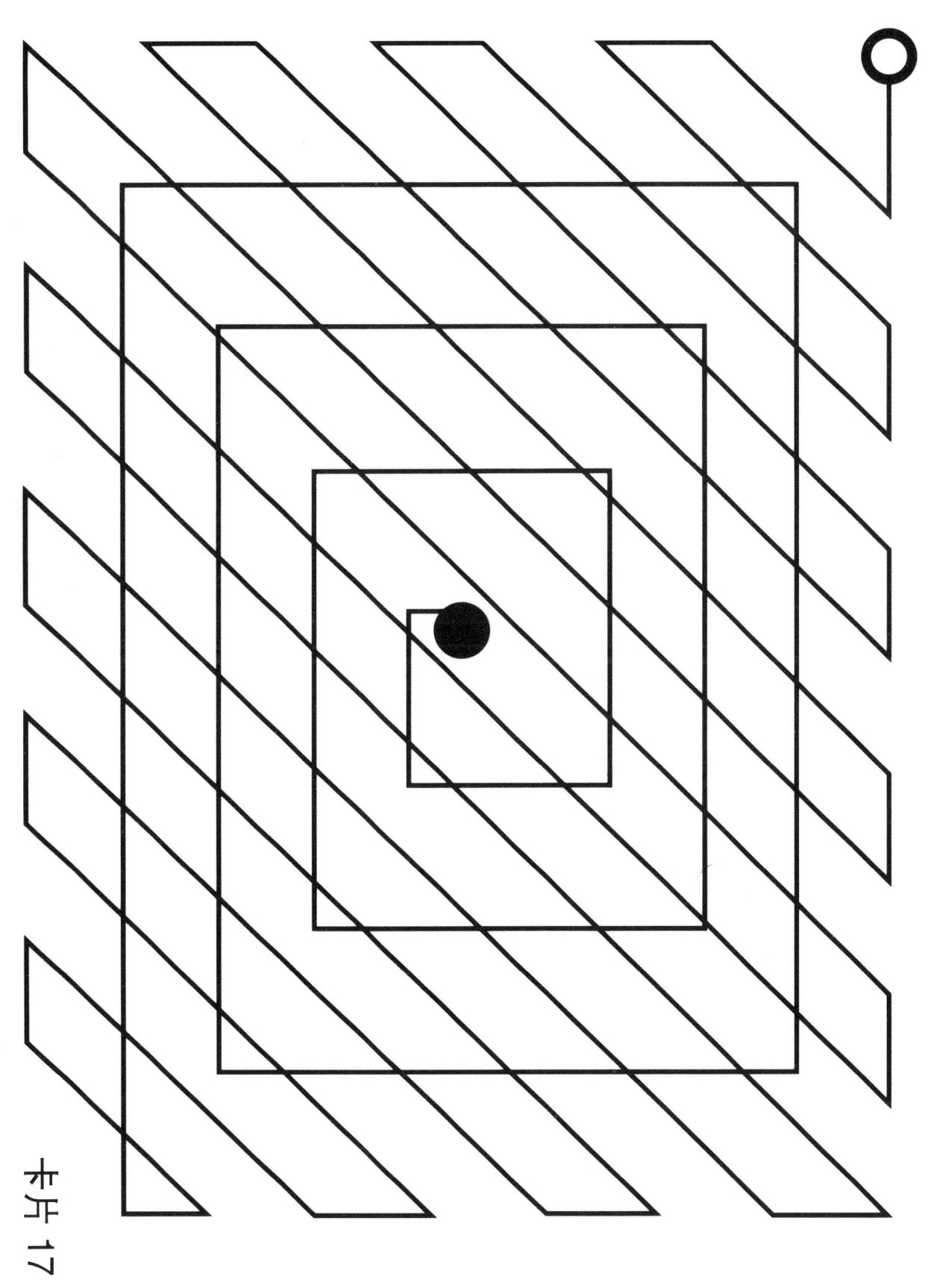

卡片 17

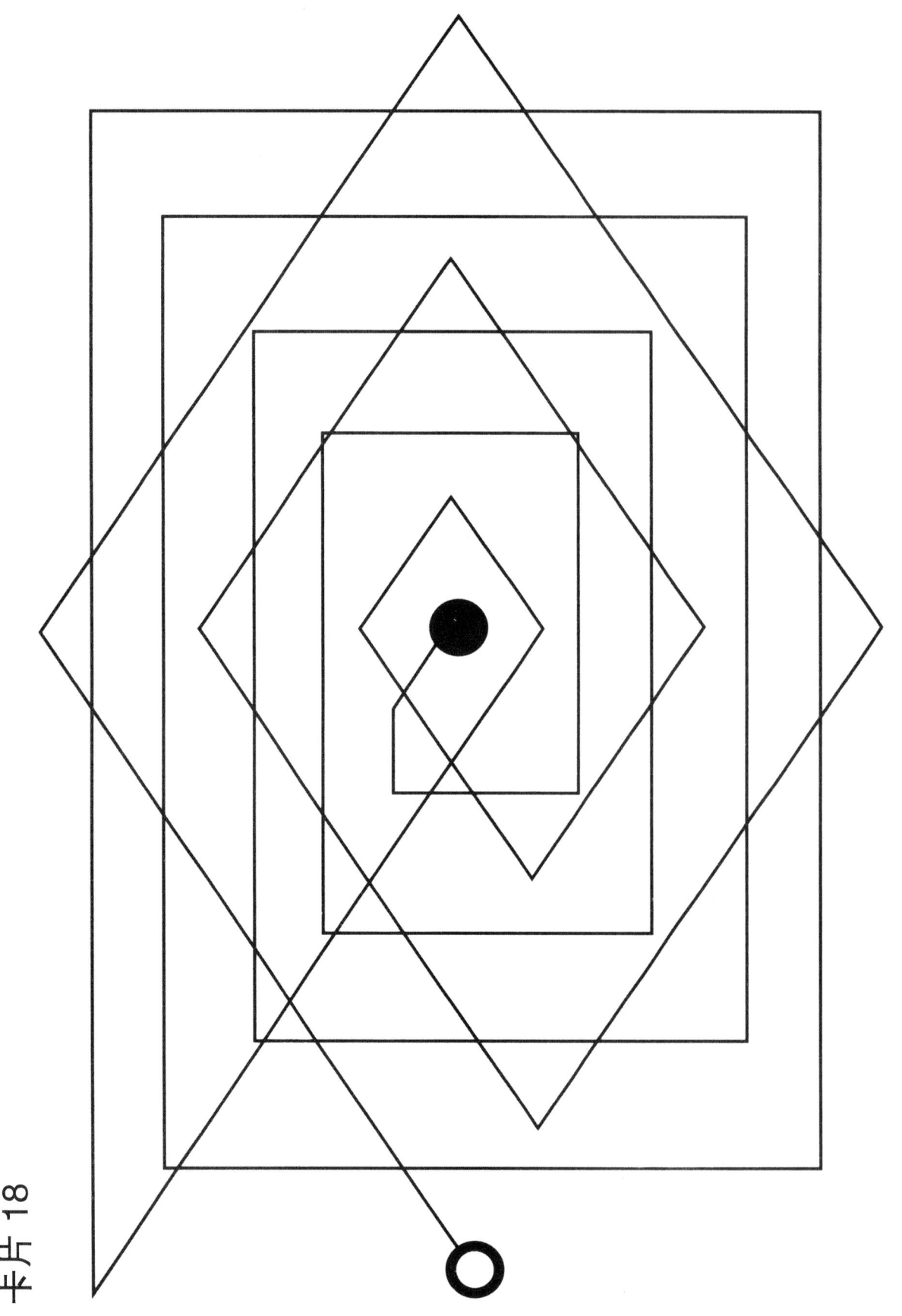

卡片 18

卡片 19

A

B

1

2

卡片 20

1○　　　　2○　　　　3○

A　　　　B　　　　C

卡片 21

卡片 22

注 意 力 测 试 题 查 值 卡

序	A	J	K	L	V	W	X	B	Z	C	H	M	G	F	D	R	Y	S	T	Q	I	O	P	N
1	6	5	4	2	2	3	2	4	7	8	9	0	6	5	8	9	4	3	5	4	4	6	5	2
2	4	4	5	4	1	2	3	4	8	8	9	0	9	0	5	8	3	4	5	2	5	8	9	5
3	4	7	6	3	4	7	8	3	1	7	9	5	1	9	1	9	1	8	3	1	3	6	7	5
4	0	9	4	5	4	3	1	6	0	2	7	8	7	8	6	5	5	8	9	5	4	2	7	8
5	7	4	5	3	7	5	4	1	4	5	7	0	4	7	9	3	4	8	1	0	5	3	3	5
6	0	3	2	1	6	7	9	2	6	4	9	0	4	7	4	5	8	9	7	8	2	8	9	3
7	1	2	3	5	8	6	5	9	1	2	3	4	2	6	3	9	4	5	3	2	1	9	8	5
8	6	6	4	3	9	8	3	6	2	1	7	9	9	9	9	9	4	5	2	7	3	4	5	6
9	0	9	3	4	3	5	4	3	6	3	7	8	1	8	9	1	1	9	0	3	3	6	4	5
10	5	1	8	4	2	7	2	4	7	8	7	0	6	5	7	9	4	8	5	4	2	9	7	5
11	4	4	5	4	1	2	3	4	8	8	9	0	9	0	5	8	3	4	5	2	2	6	5	3
12	4	6	6	3	4	3	8	3	1	7	9	3	1	9	1	3	1	3	3	1	3	9	6	7
13	0	9	4	5	4	3	1	6	0	2	7	8	7	8	6	5	5	8	9	5	6	7	4	5
14	7	4	5	3	7	5	4	1	4	5	7	0	4	7	9	3	4	8	1	0	0	8	7	6
15	0	3	2	1	6	7	9	2	6	4	9	0	4	7	4	5	8	9	7	8	2	5	9	0
16	1	2	3	5	8	6	5	9	1	2	3	4	2	6	3	9	4	5	3	2	5	7	8	4
17	6	6	4	3	9	8	3	6	2	1	7	9	9	9	9	9	4	5	2	7	2	6	7	8
18	0	9	3	4	3	5	4	3	6	3	7	8	1	8	9	1	1	9	0	3	1	4	5	6
19	5	2	2	4	2	3	2	4	7	8	9	0	6	5	8	9	4	3	5	4	3	7	8	9
20	1	2	3	5	8	6	5	9	1	2	3	4	2	6	3	9	4	5	3	2	4	5	6	7
21	4	5	9	7	7	8	6	5	7	5	4	1	4	5	7	0	0	9	4	5	4	3	1	6
22	4	8	9	0	4	7	9	3	3	4	8	1	0	5	1	8	4	7	3	0	1	5	4	8
23	0	5	9	3	5	1	9	7	3	4	6	7	4	2	8	7	3	7	9	1	0	5	7	9
24	1	4	5	1	3	4	6	1	0	9	1	5	3	4	9	2	4	8	3	1	9	0	4	3
25	8	6	5	9	1	2	3	4	1	9	1	3	1	3	3	1	0	3	2	1	6	7	9	2
26	1	2	3	4	2	6	3	9	6	6	4	3	9	8	3	6	6	3	7	8	1	8	9	1
27	6	3	7	8	1	8	9	1	7	8	6	5	5	8	9	5	0	9	4	5	4	3	1	6
28	5	8	9	5	4	2	7	8	0	9	3	4	3	5	4	3	2	3	2	4	7	8	9	0
29	6	4	9	0	1	2	3	4	4	5	3	2	6	6	4	3	9	8	3	6	2	1	7	9
30	0	2	7	8	7	8	6	5	6	3	7	8	0	3	2	1	6	7	9	2	0	9	4	5
31	3	4	6	7	4	2	8	7	3	5	4	3	4	4	5	4	1	2	3	4	3	7	9	1
32	1	9	0	3	3	6	5	4	4	3	8	3	1	7	9	3	1	9	1	3	0	5	9	3
33	2	6	3	9	4	5	3	2	0	2	7	8	7	8	6	5	4	7	9	3	5	8	9	5
34	8	9	7	8	0	9	1	5	3	4	9	2	1	3	3	1	7	8	6	5	7	5	4	1
35	8	8	9	0	9	0	5	8	0	9	4	5	4	3	1	6	4	7	9	3	3	4	8	1
36	3	4	5	2	5	8	9	5	2	7	2	4	7	8	7	0	4	6	6	3	4	3	8	3
37	1	2	3	4	0	0	8	9	1	2	1	3	8	8	9	0	9	0	5	8	8	0	8	8
38	8	7	9	1	3	4	0	2	0	2	3	4	4	4	3	4	6	8	3	2	3	1	2	2
39	3	4	2	1	9	4	6	1	3	0	5	9	7	5	1	3	4	6	7	2	3	1	2	2
40	9	7	6	4	3	4	6	1	4	6	8	0	4	3	0	0	7	6	4	9	4	3	9	1